Dieses Malbuch Gehört zu:

....

Datum:

....

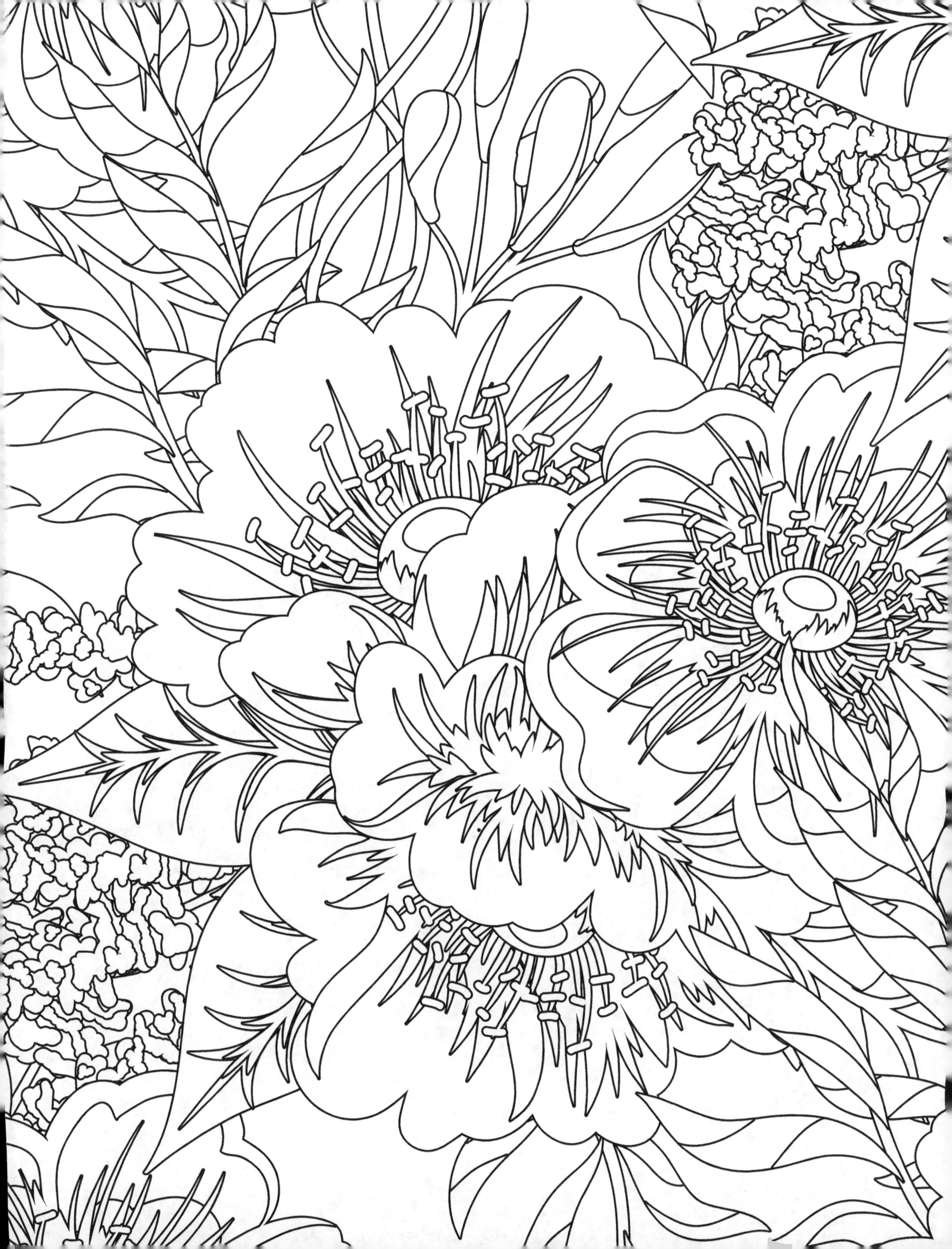

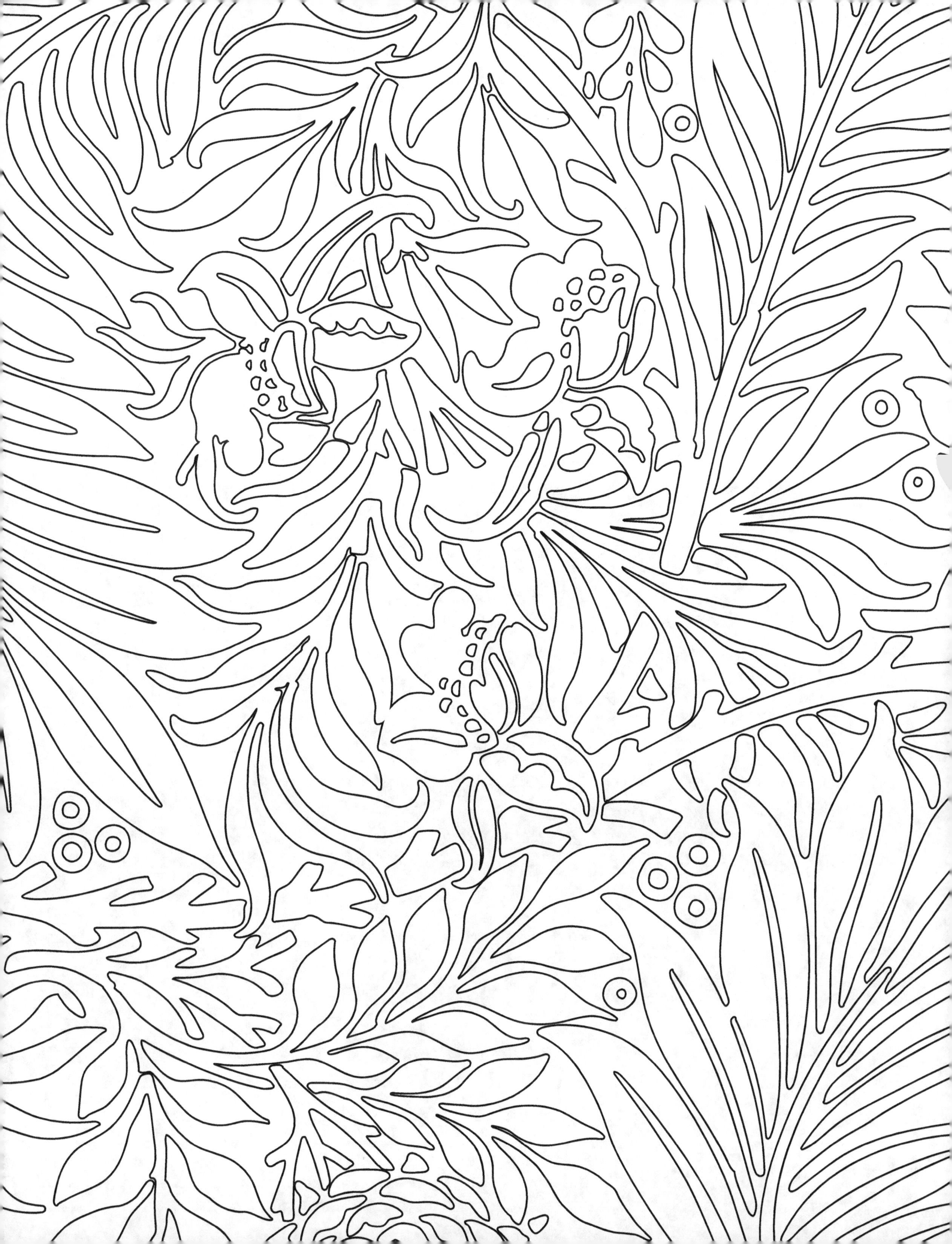

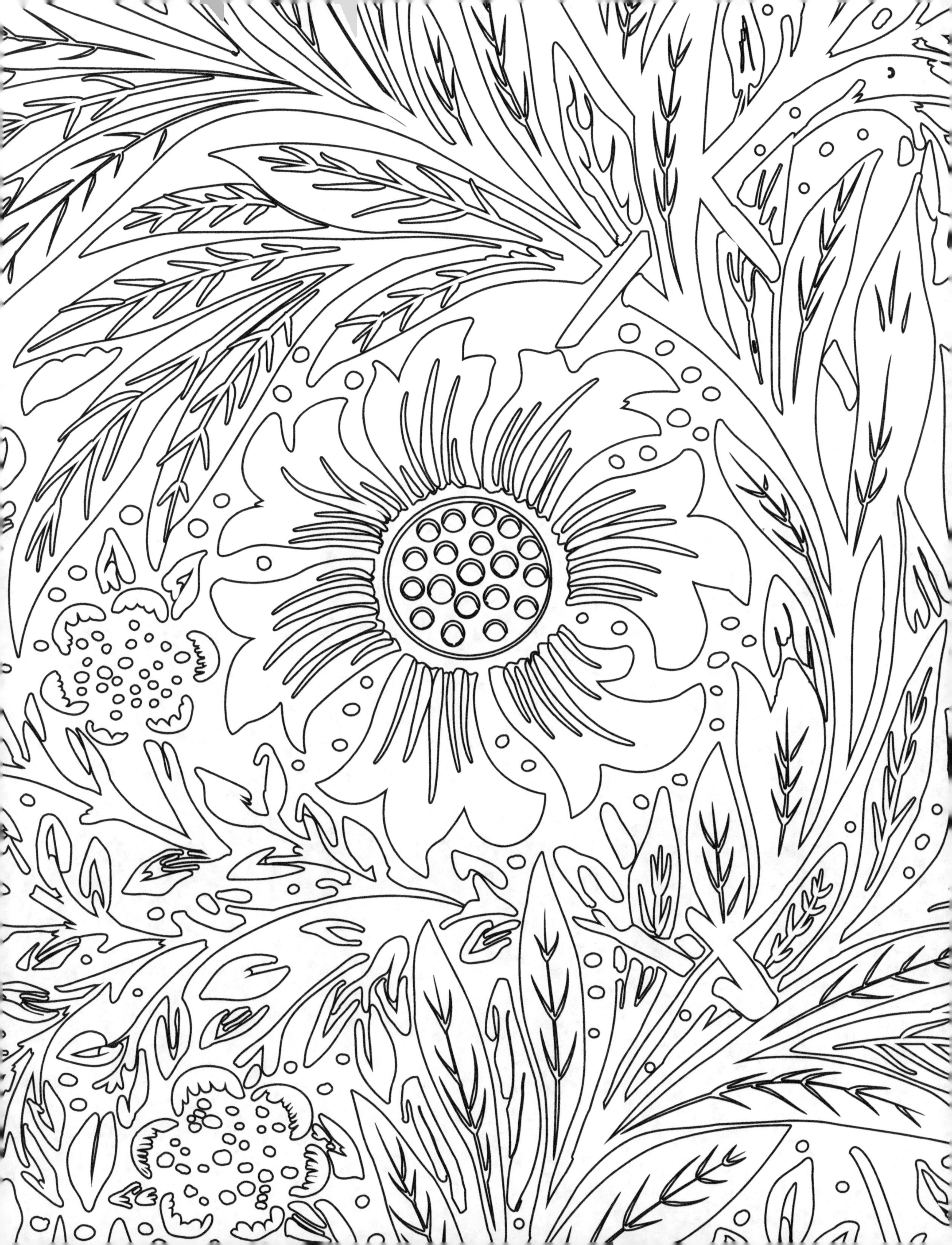

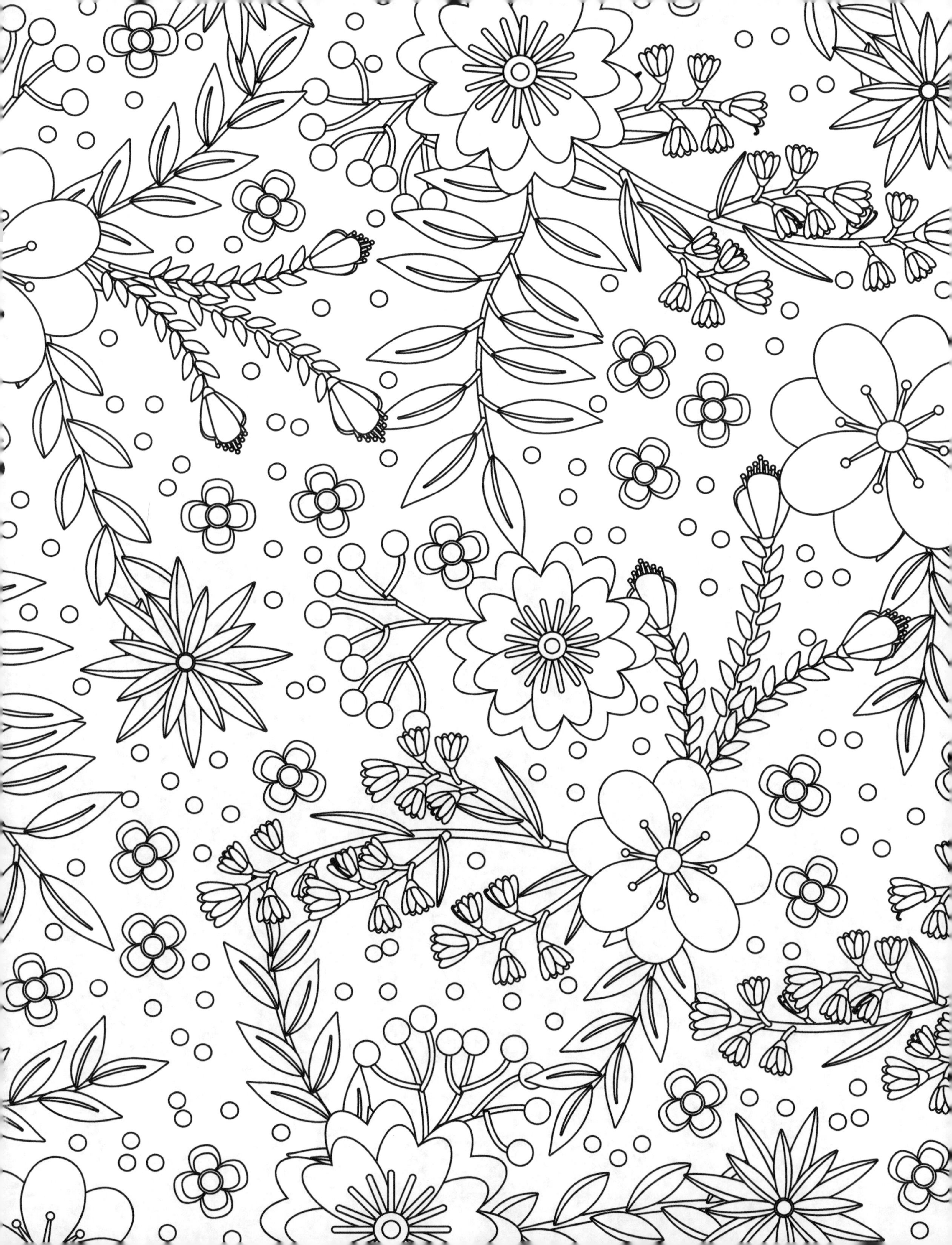

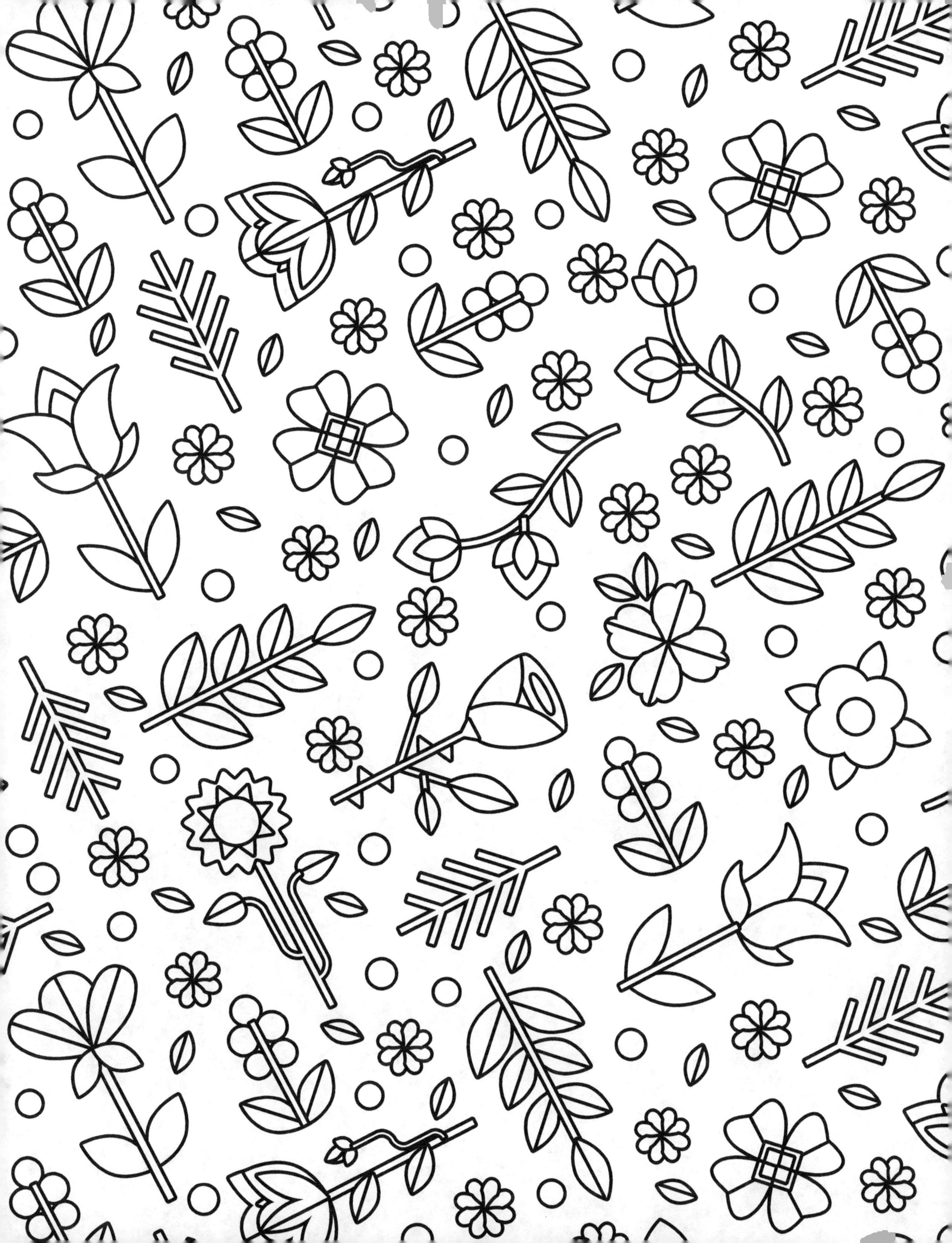

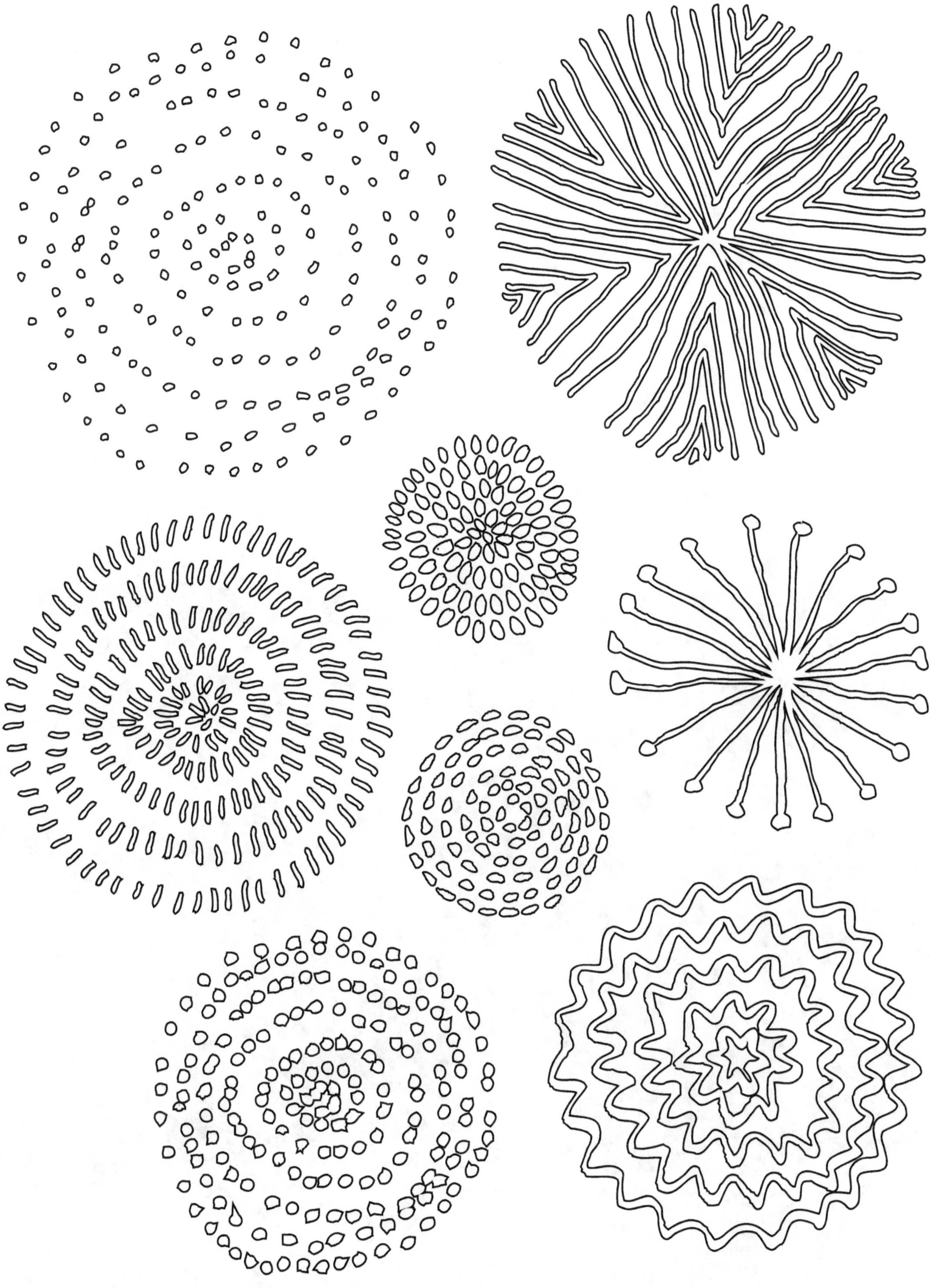

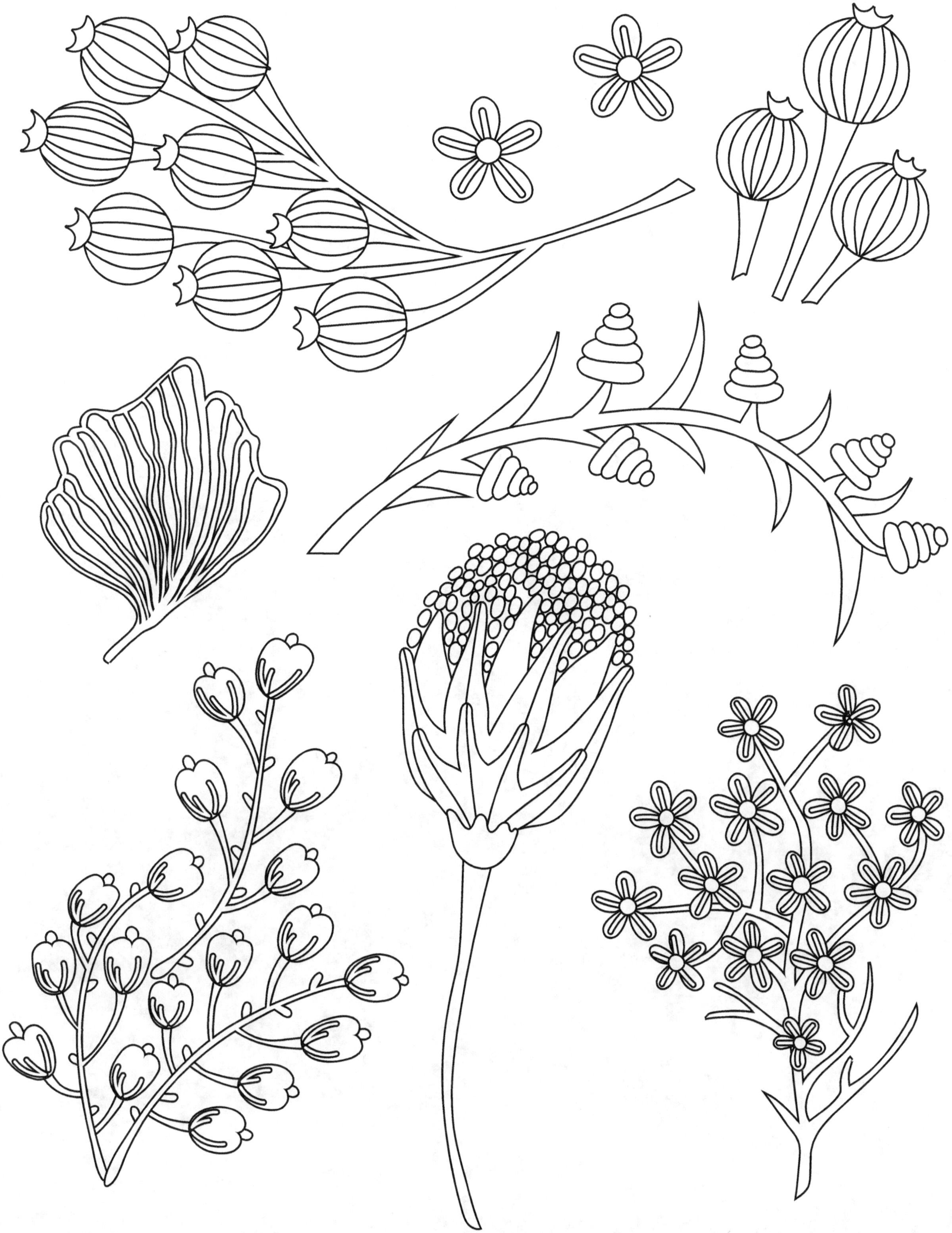

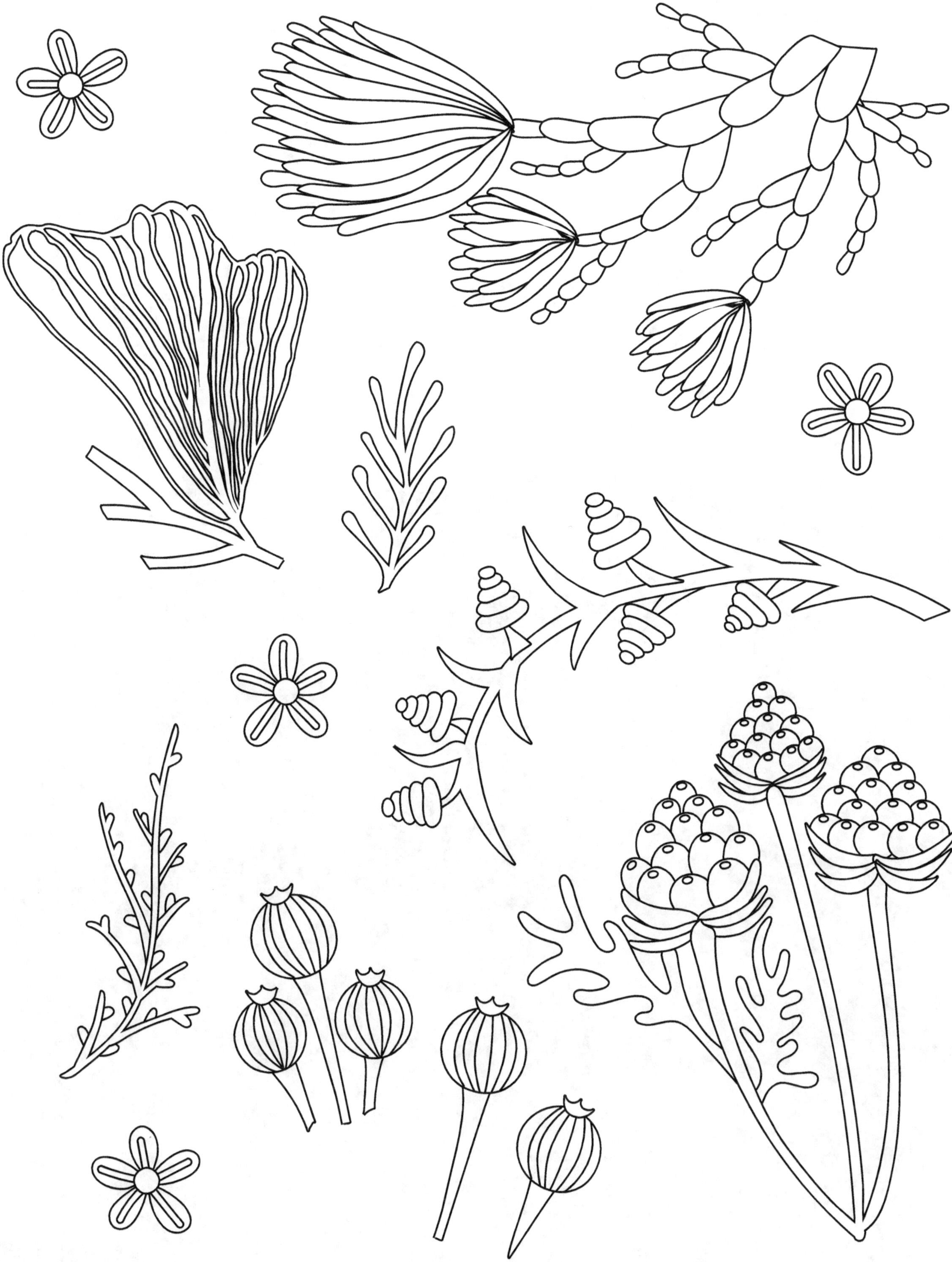

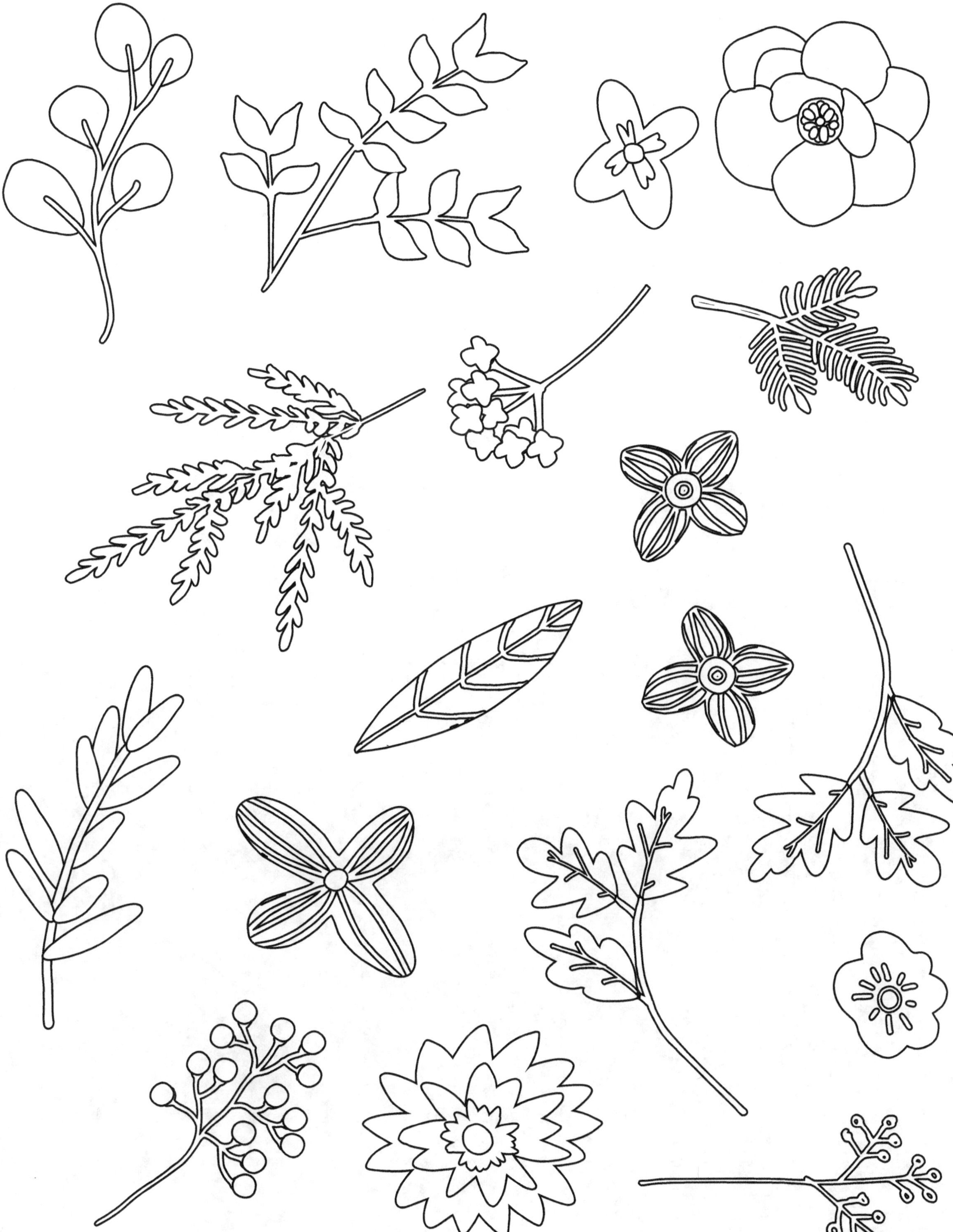

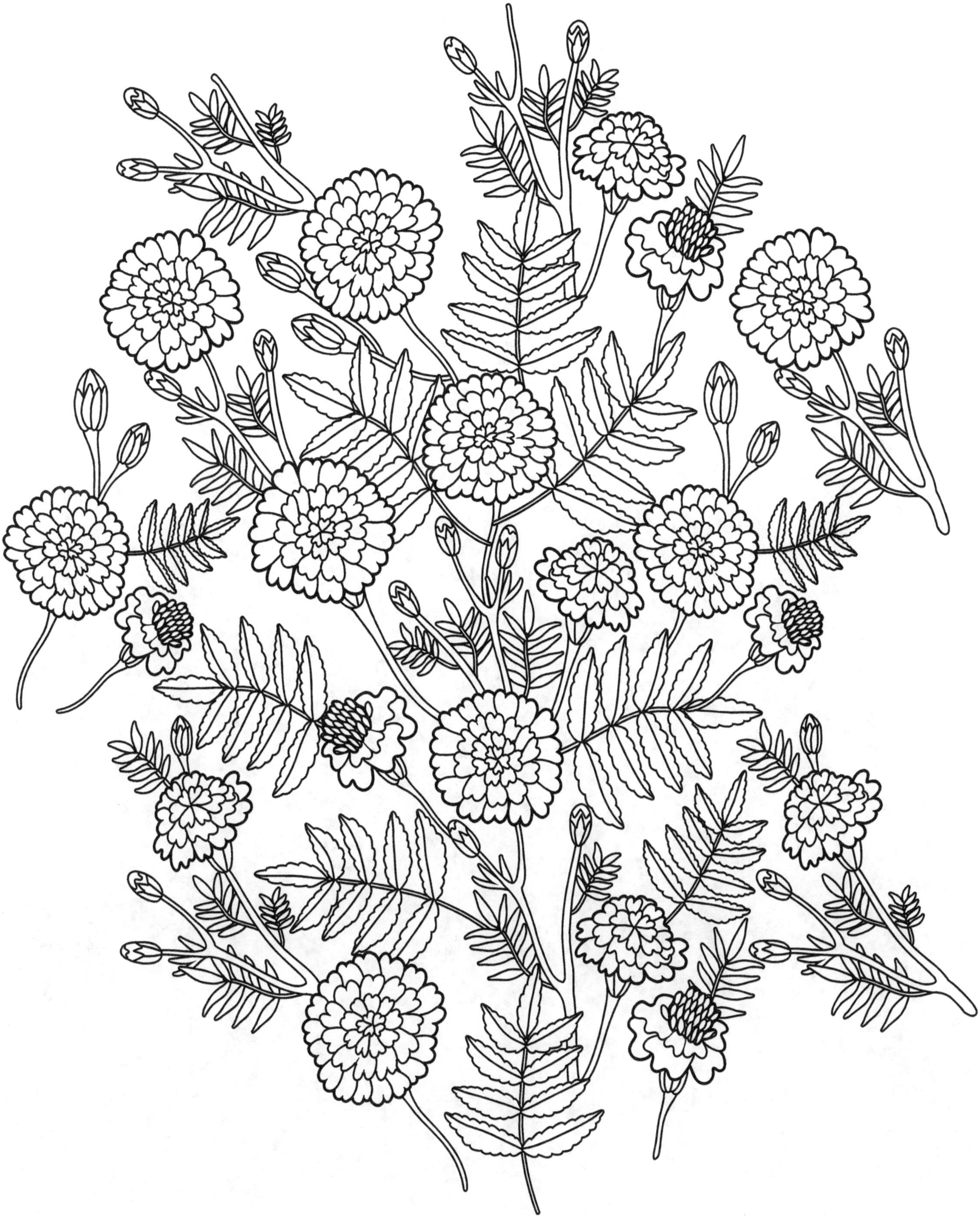

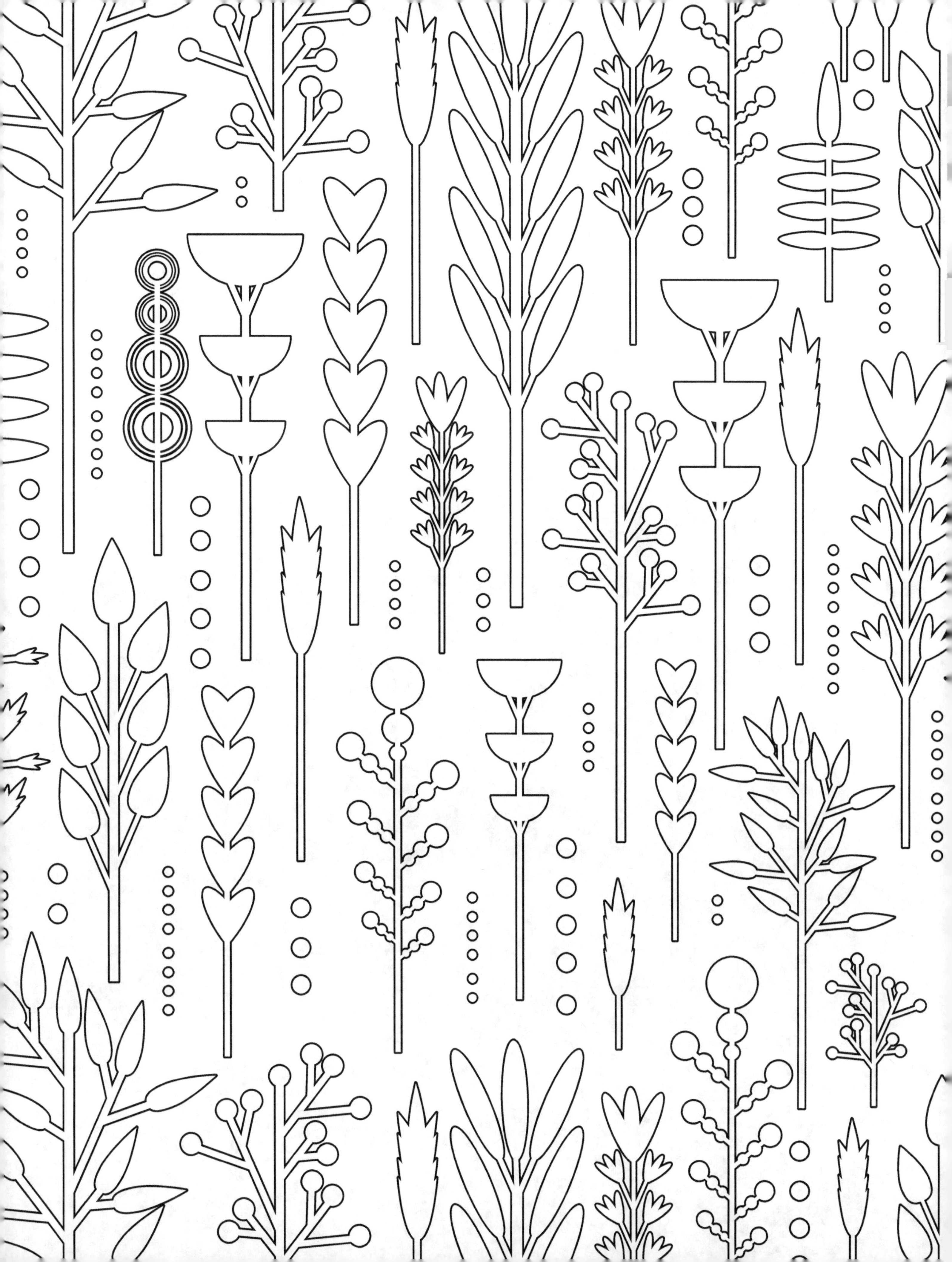

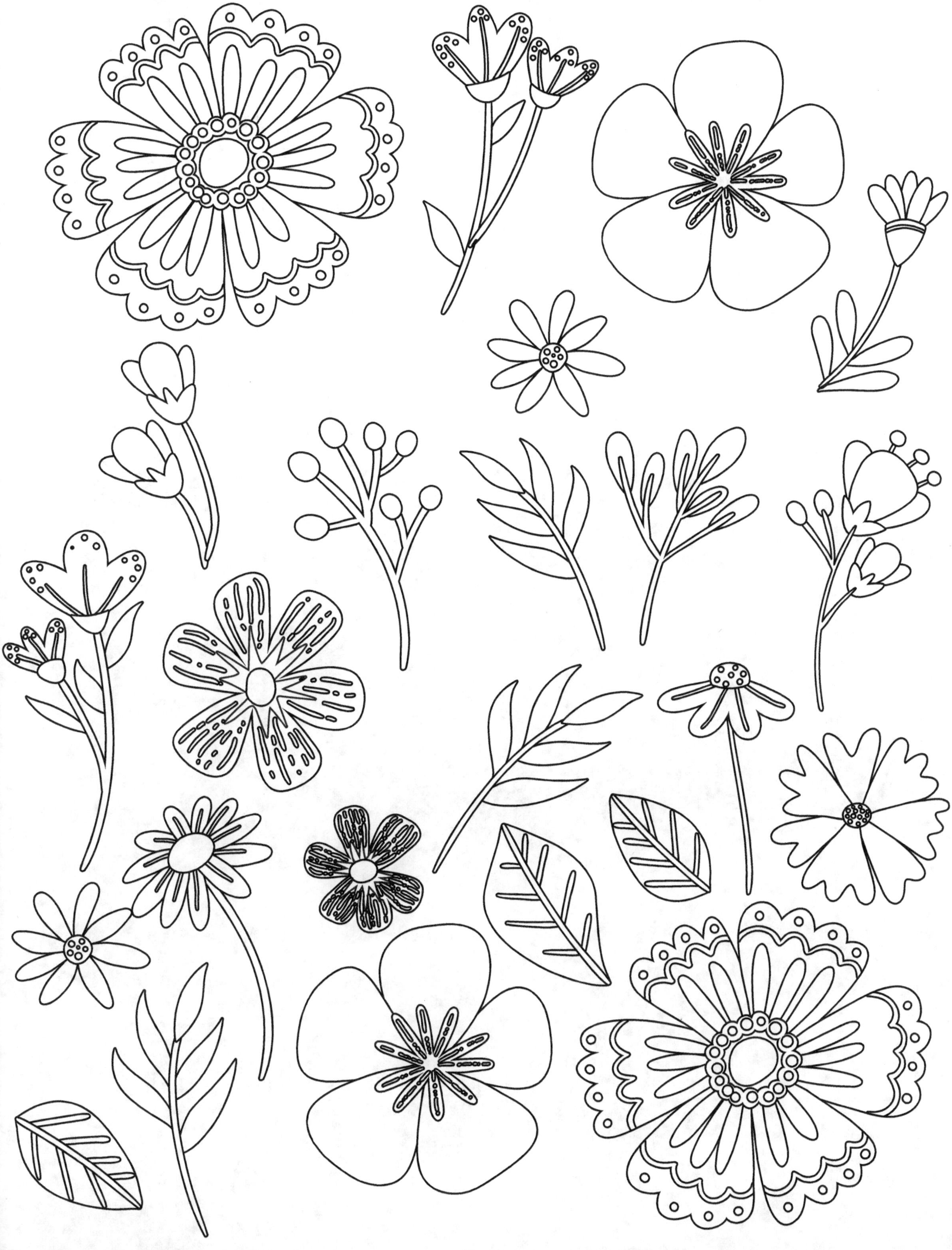

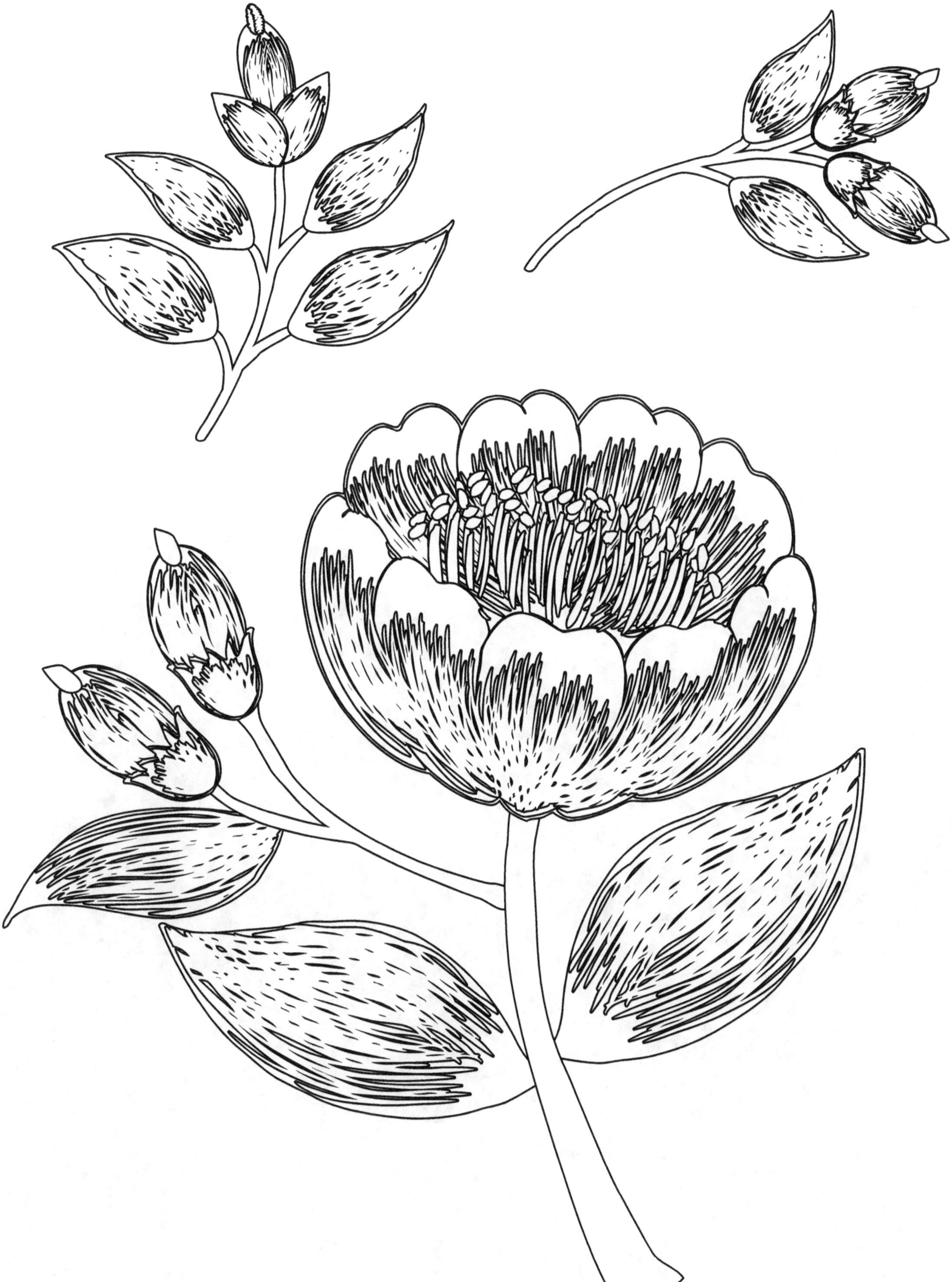

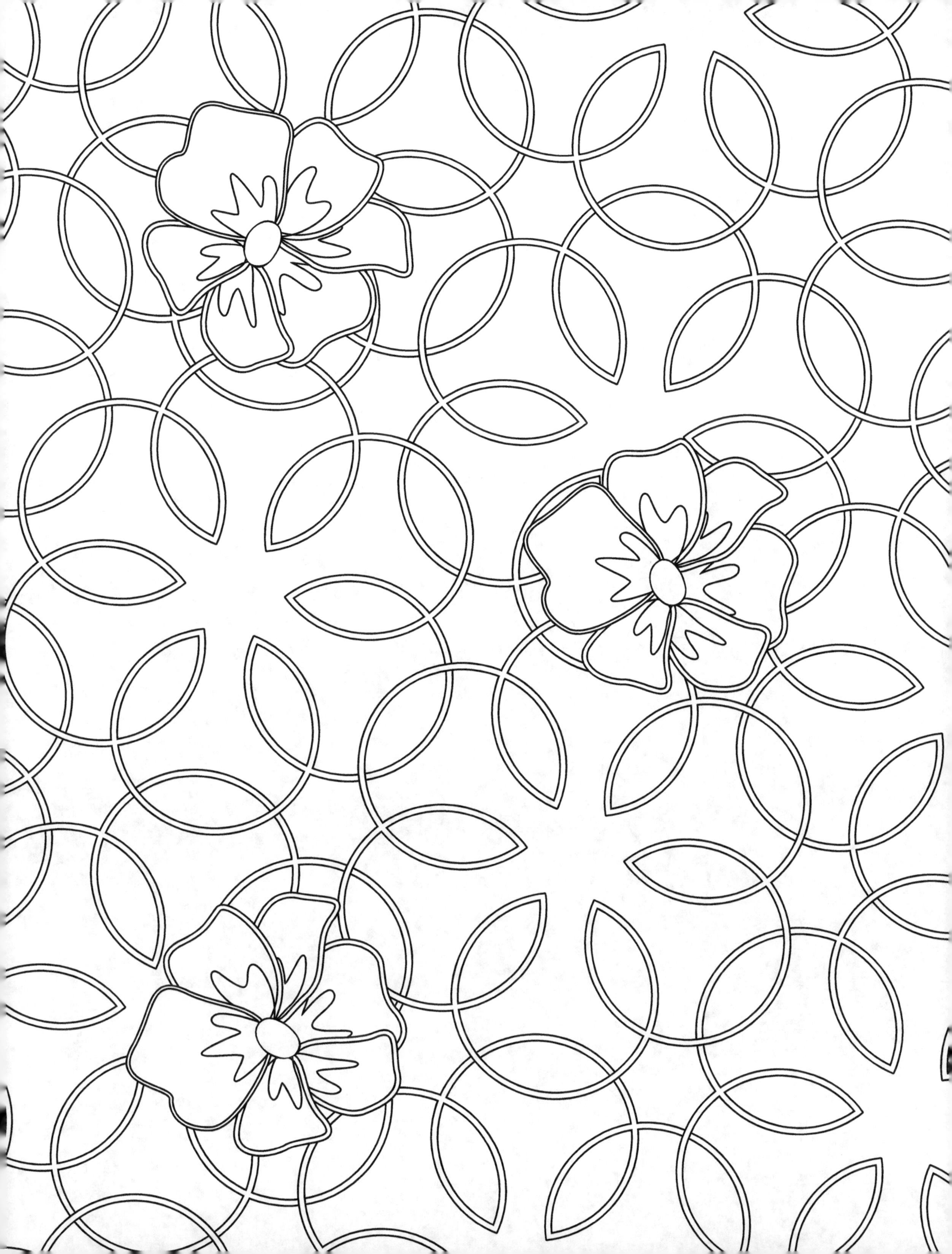

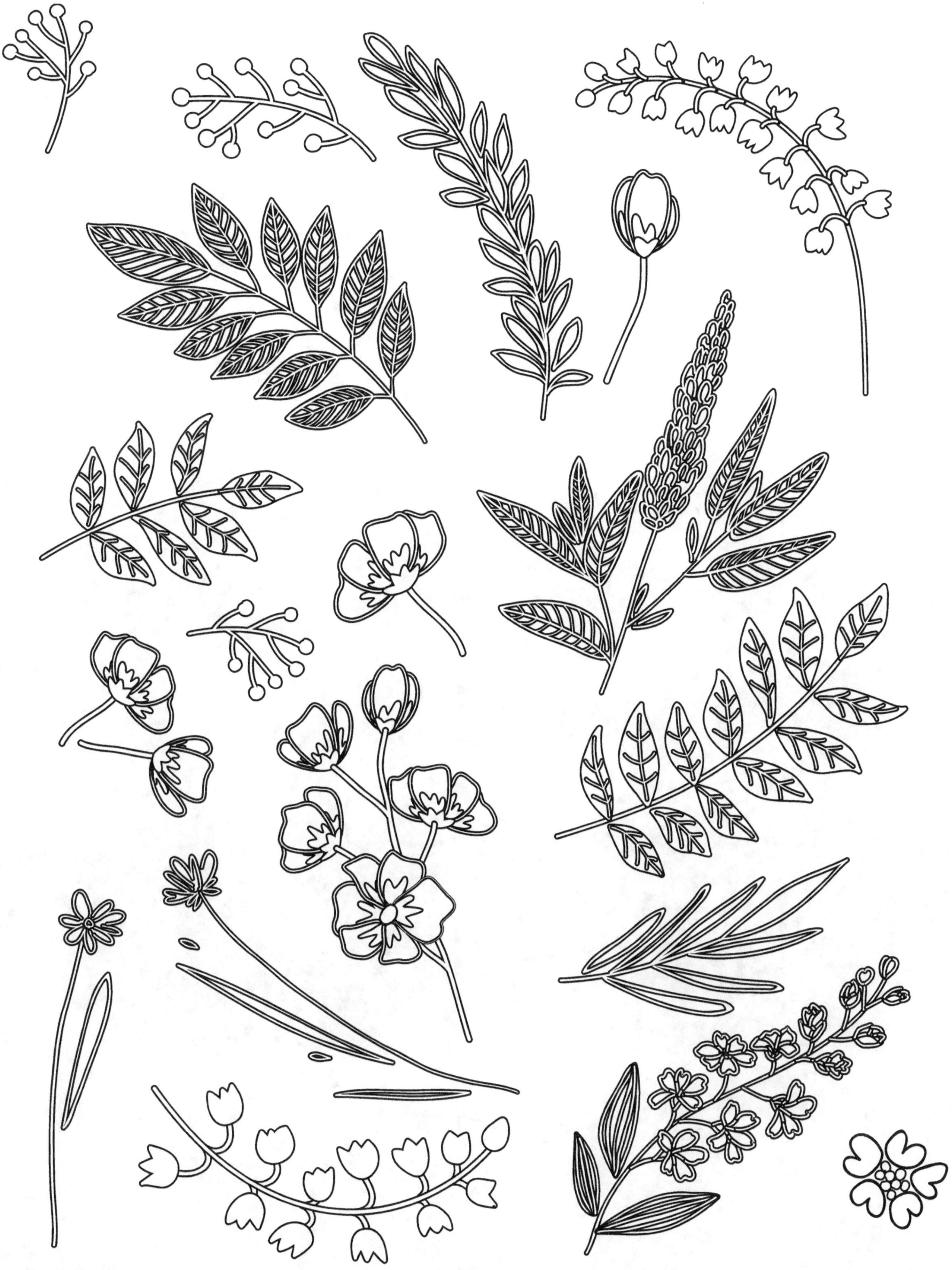

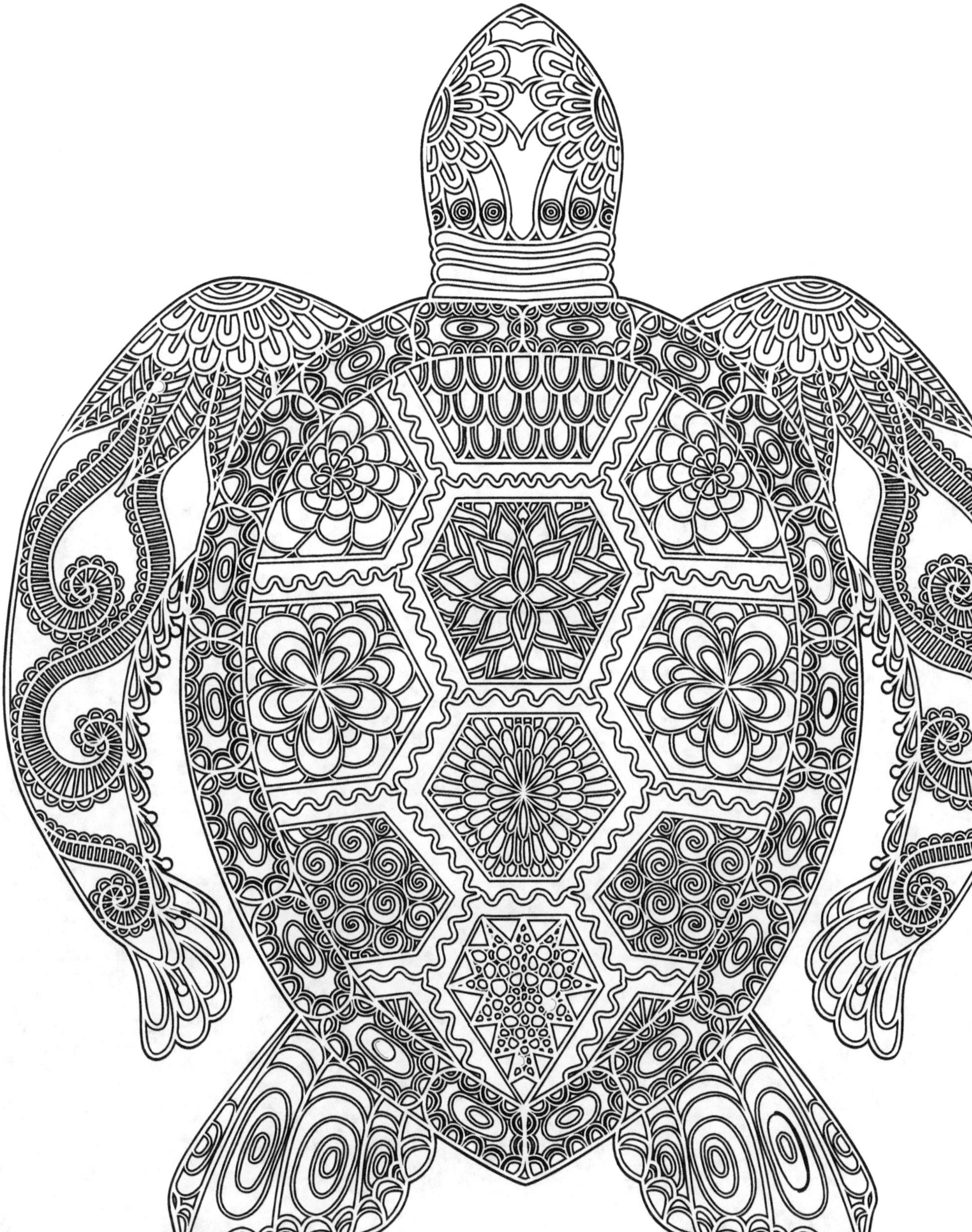

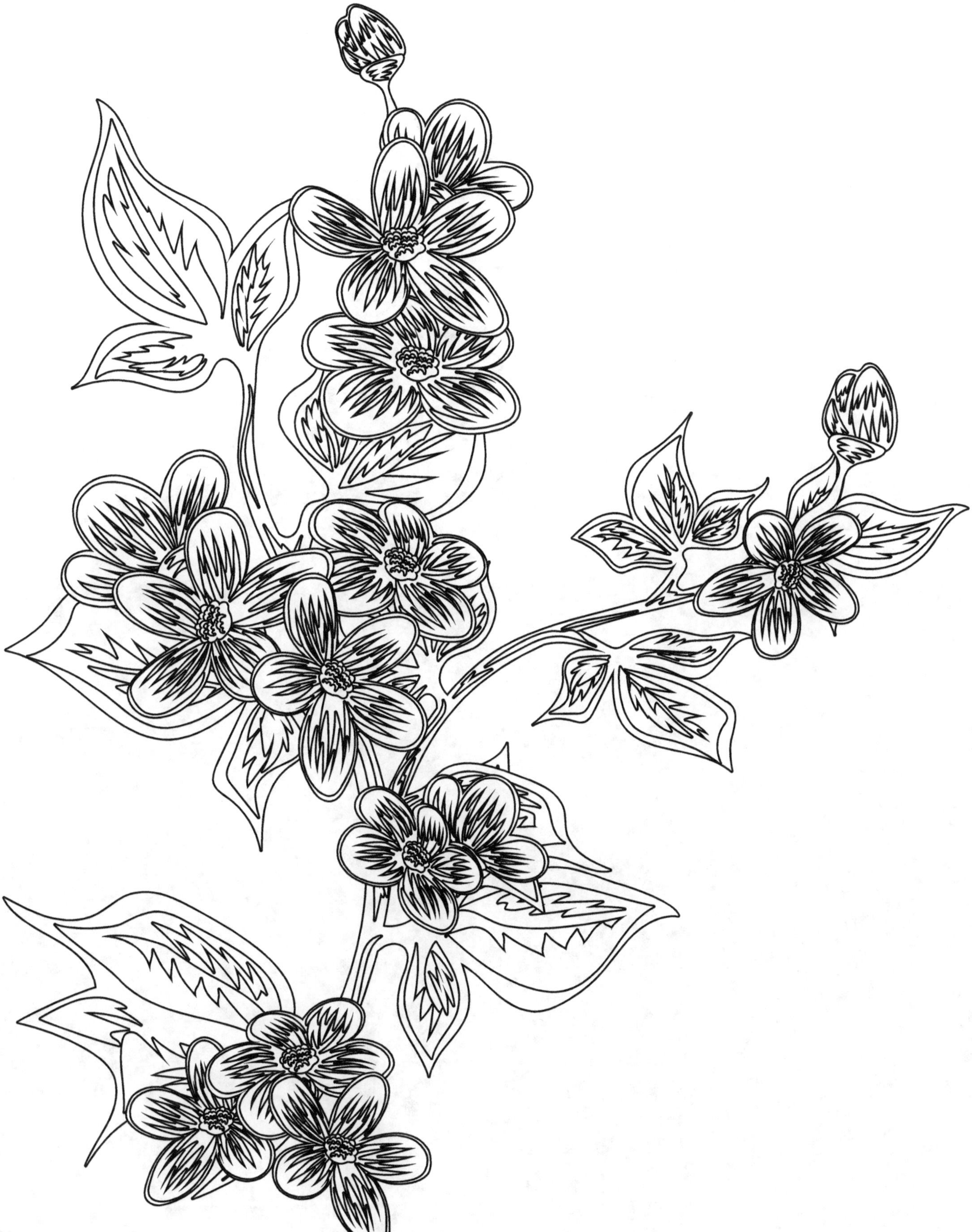

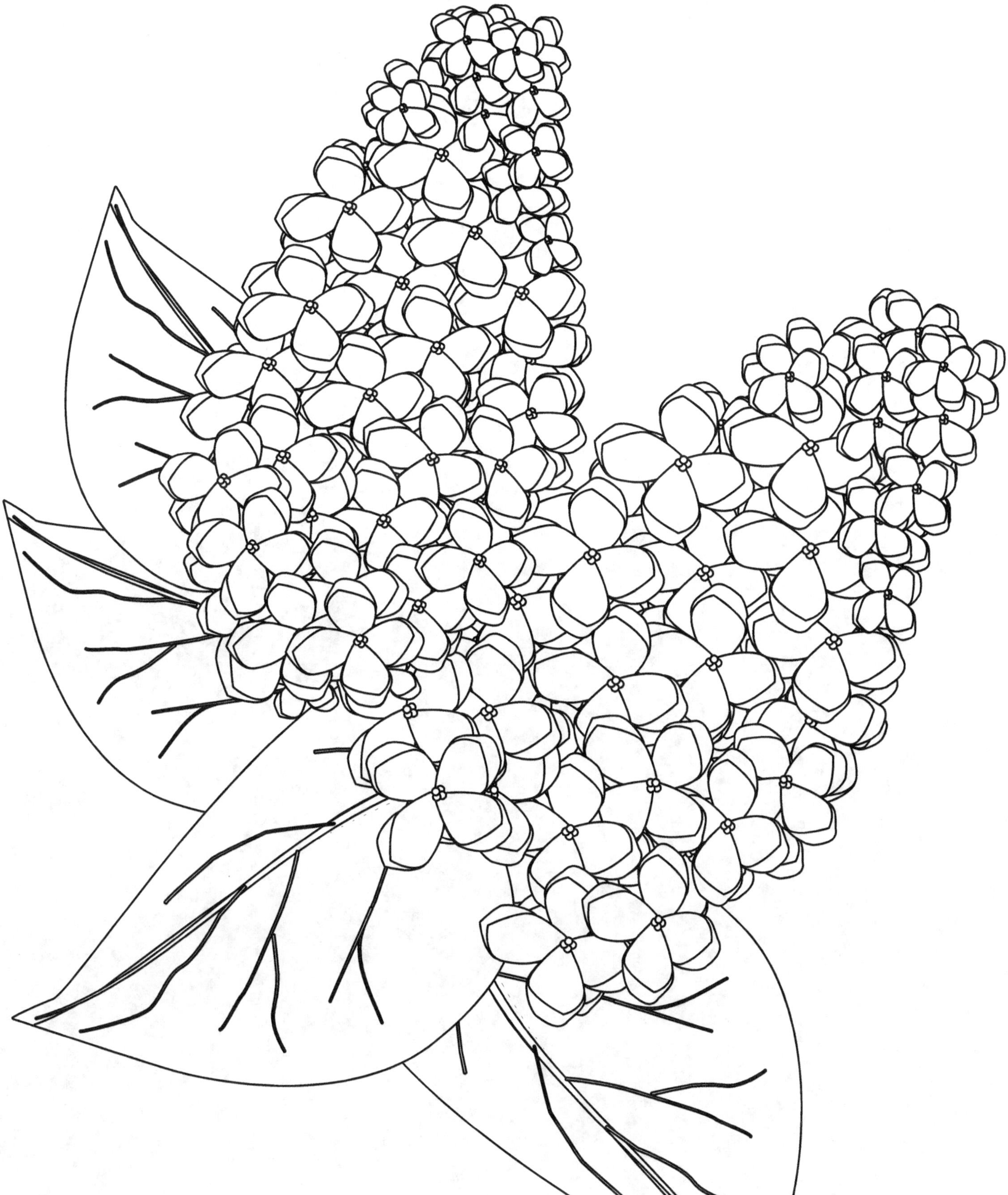

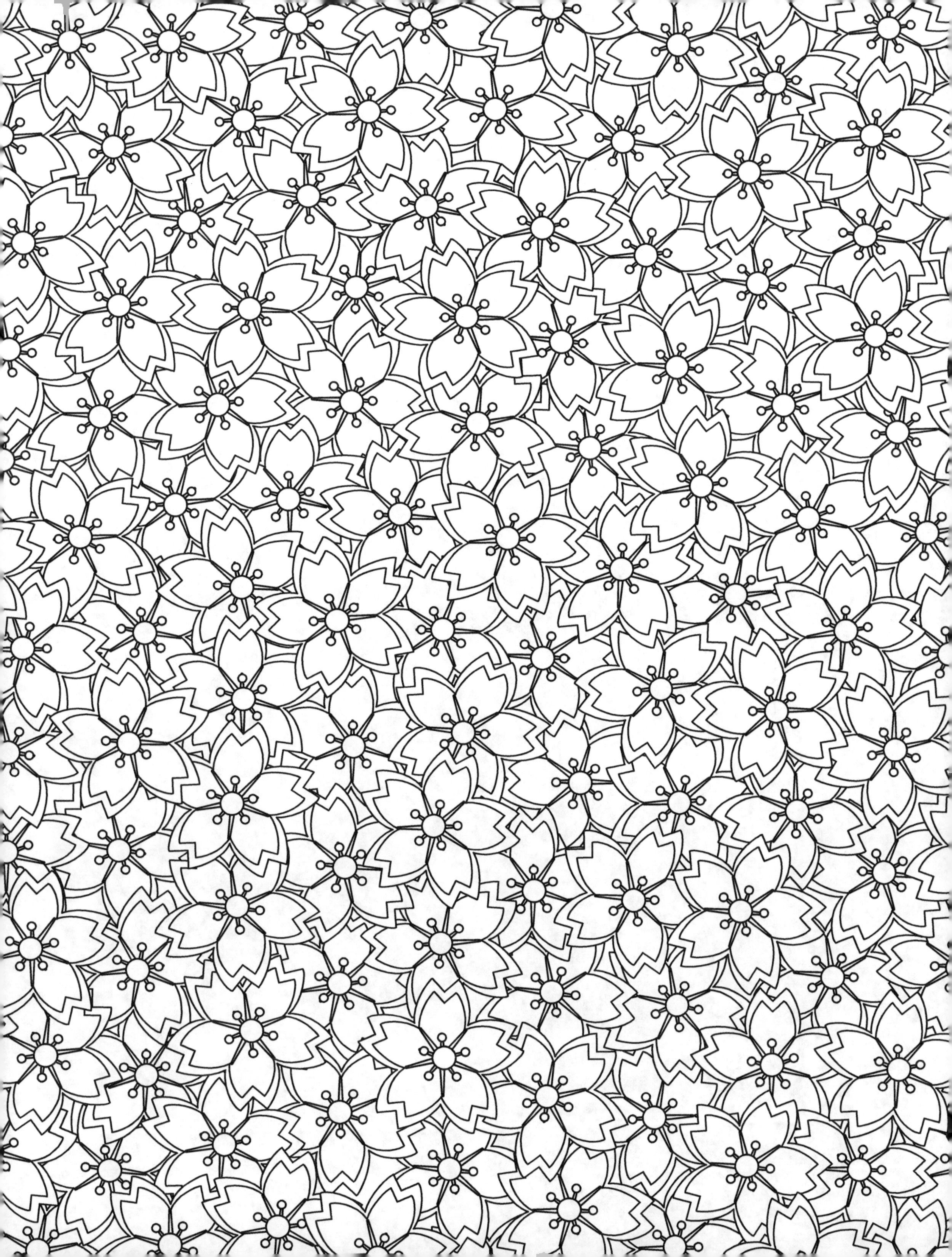

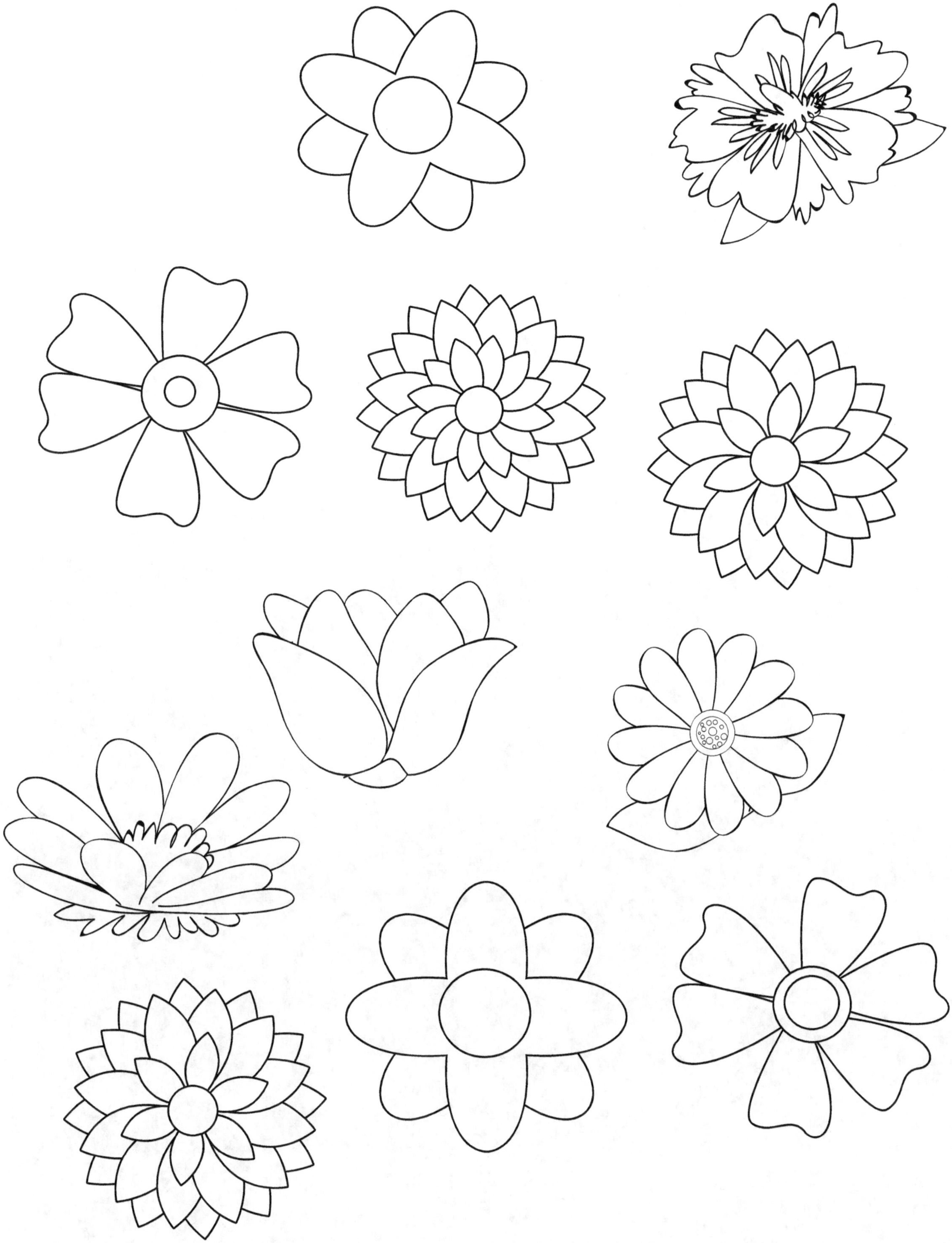

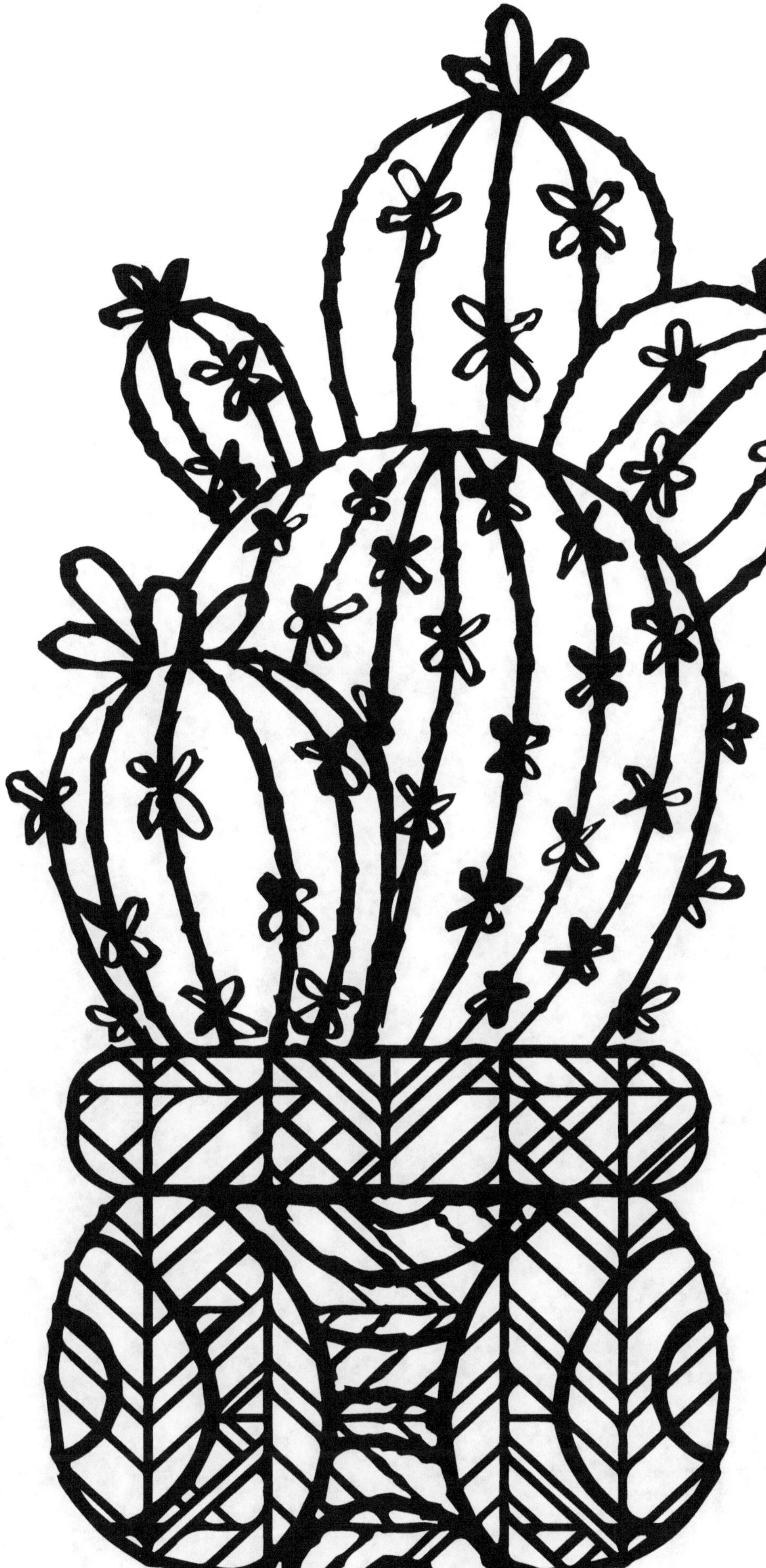

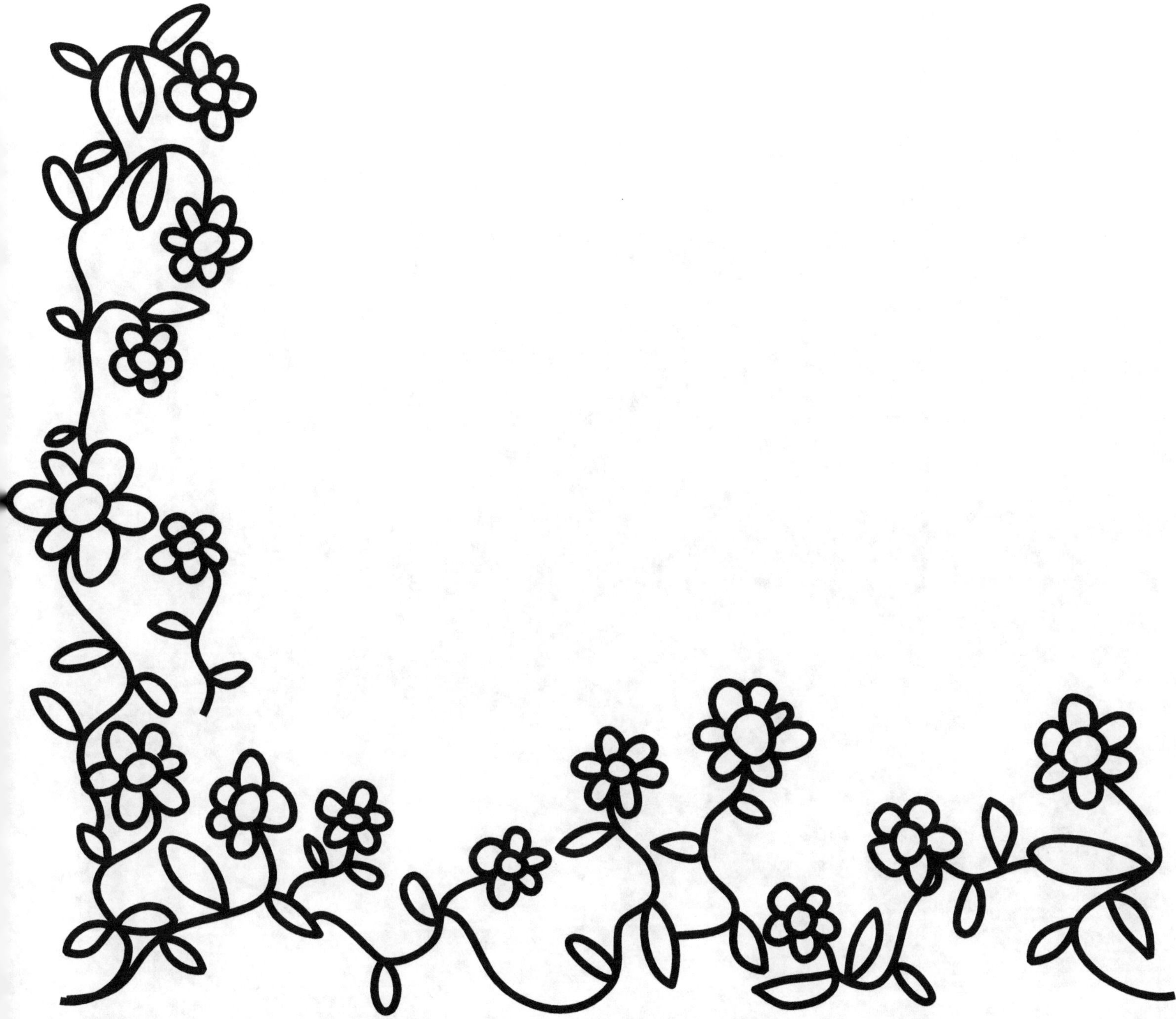

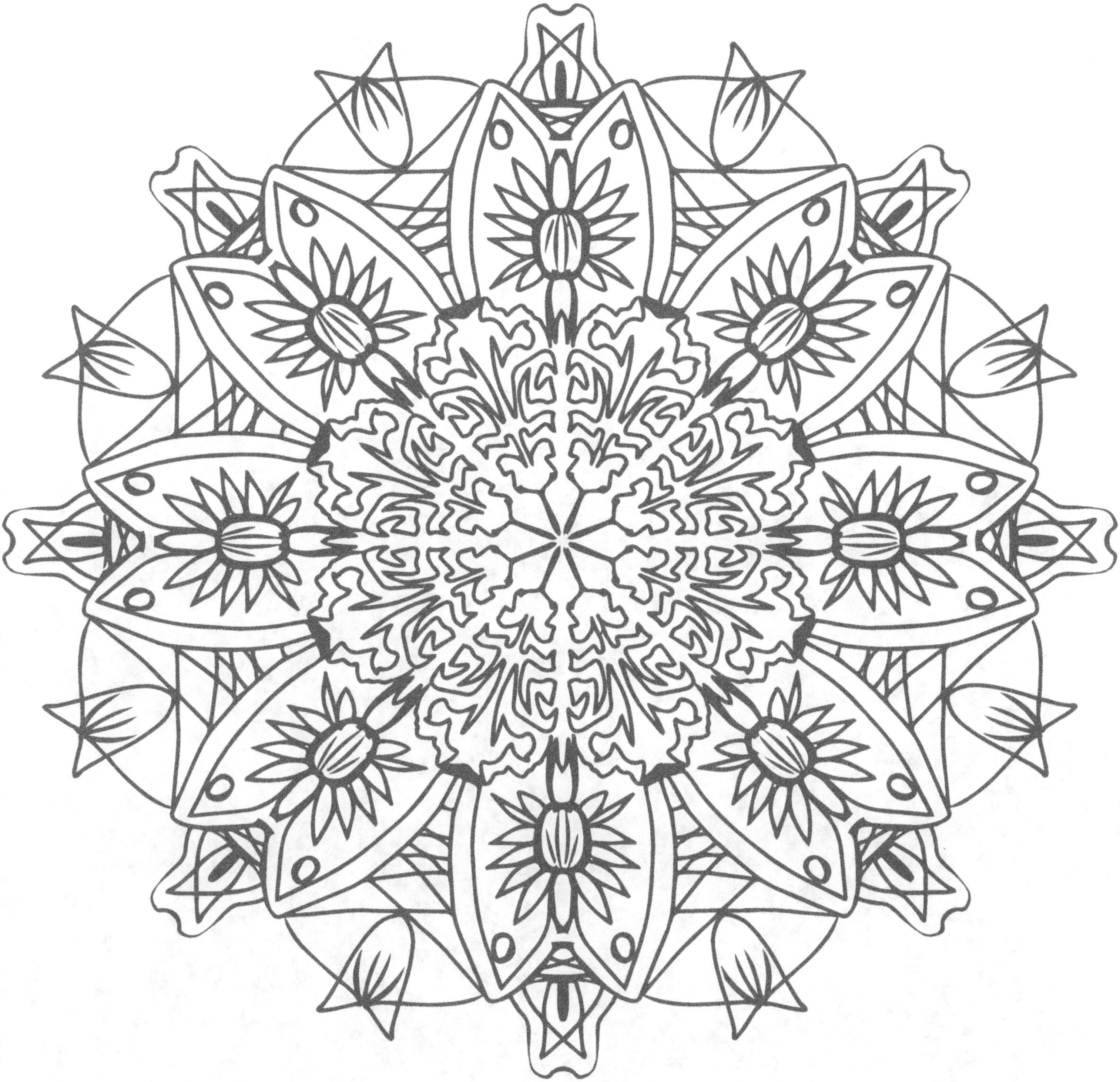

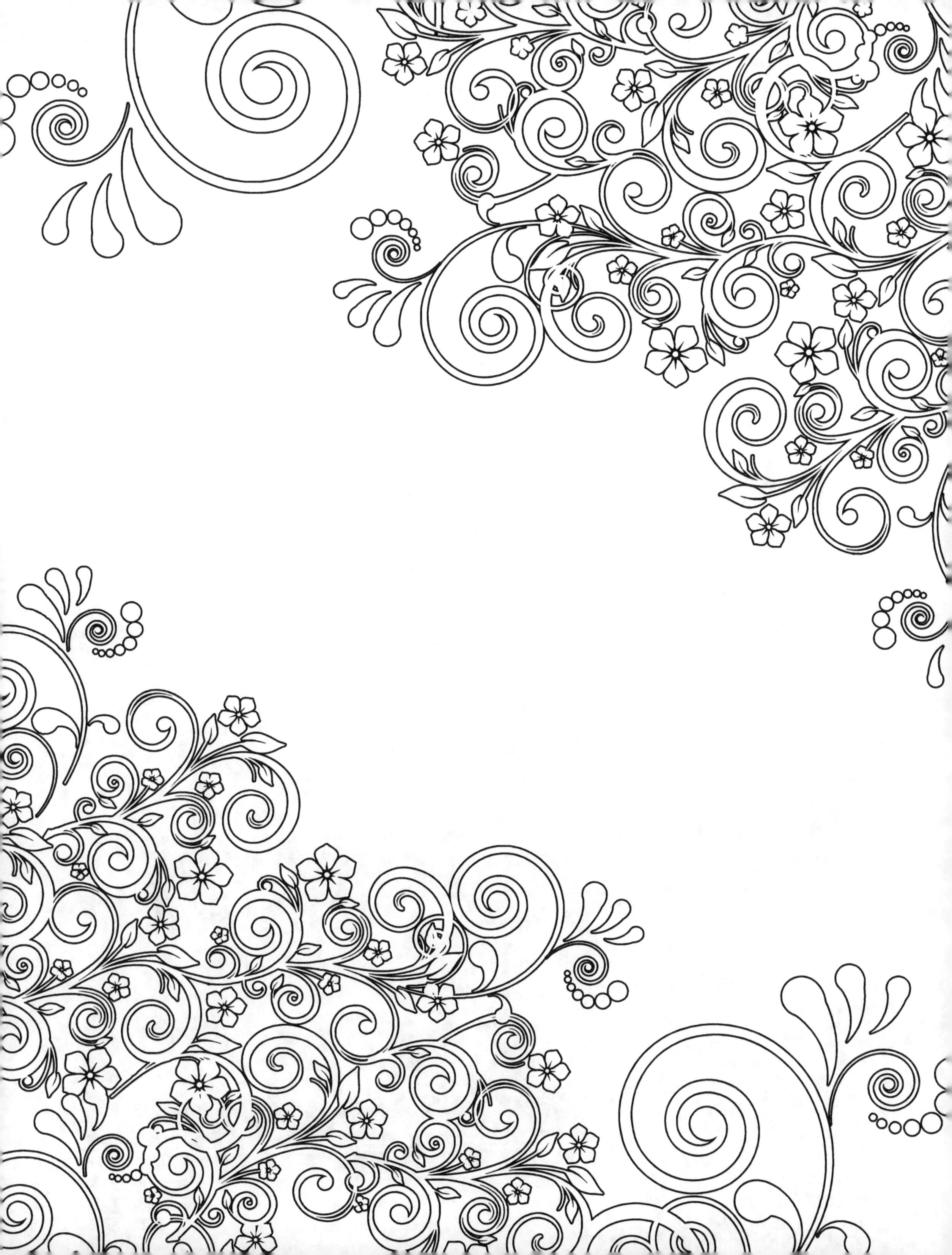

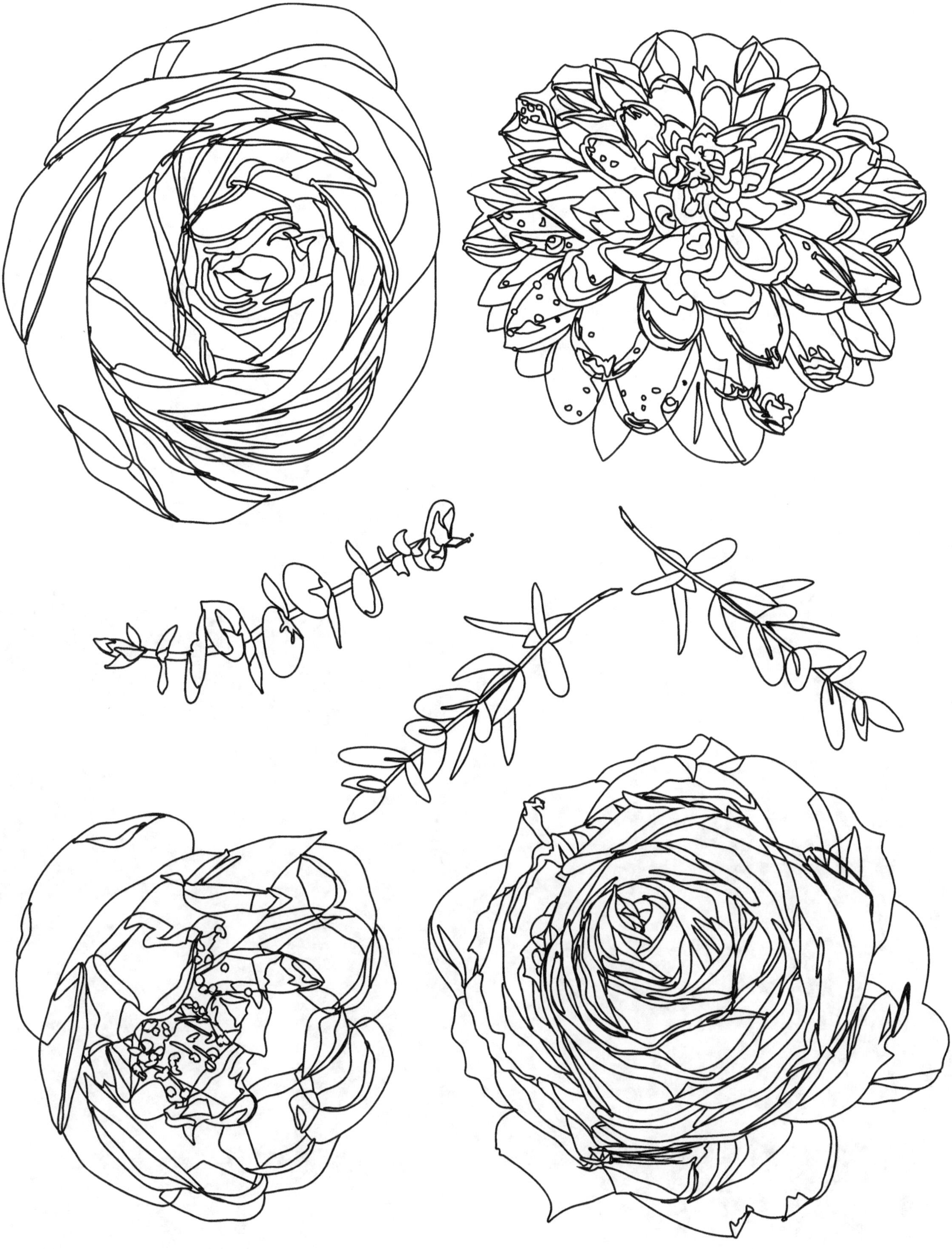

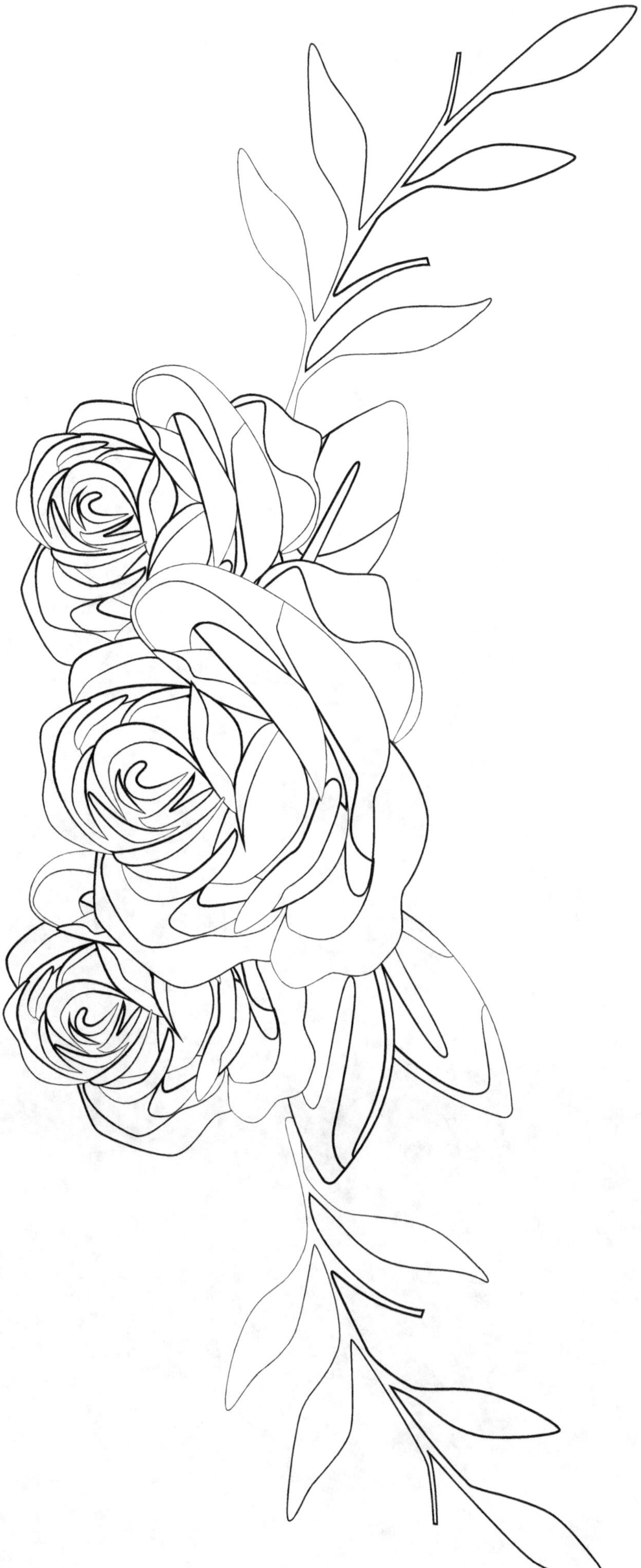

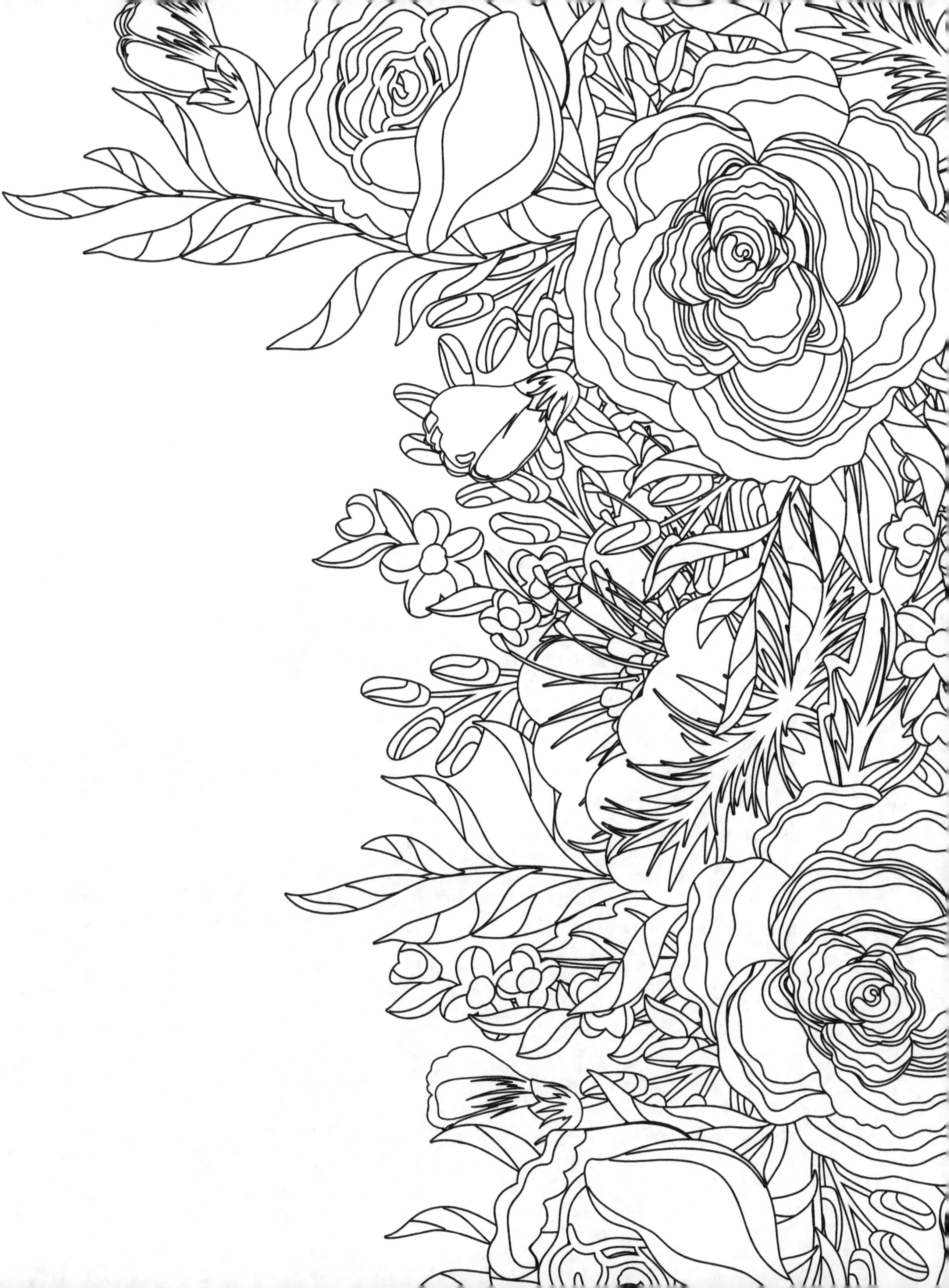

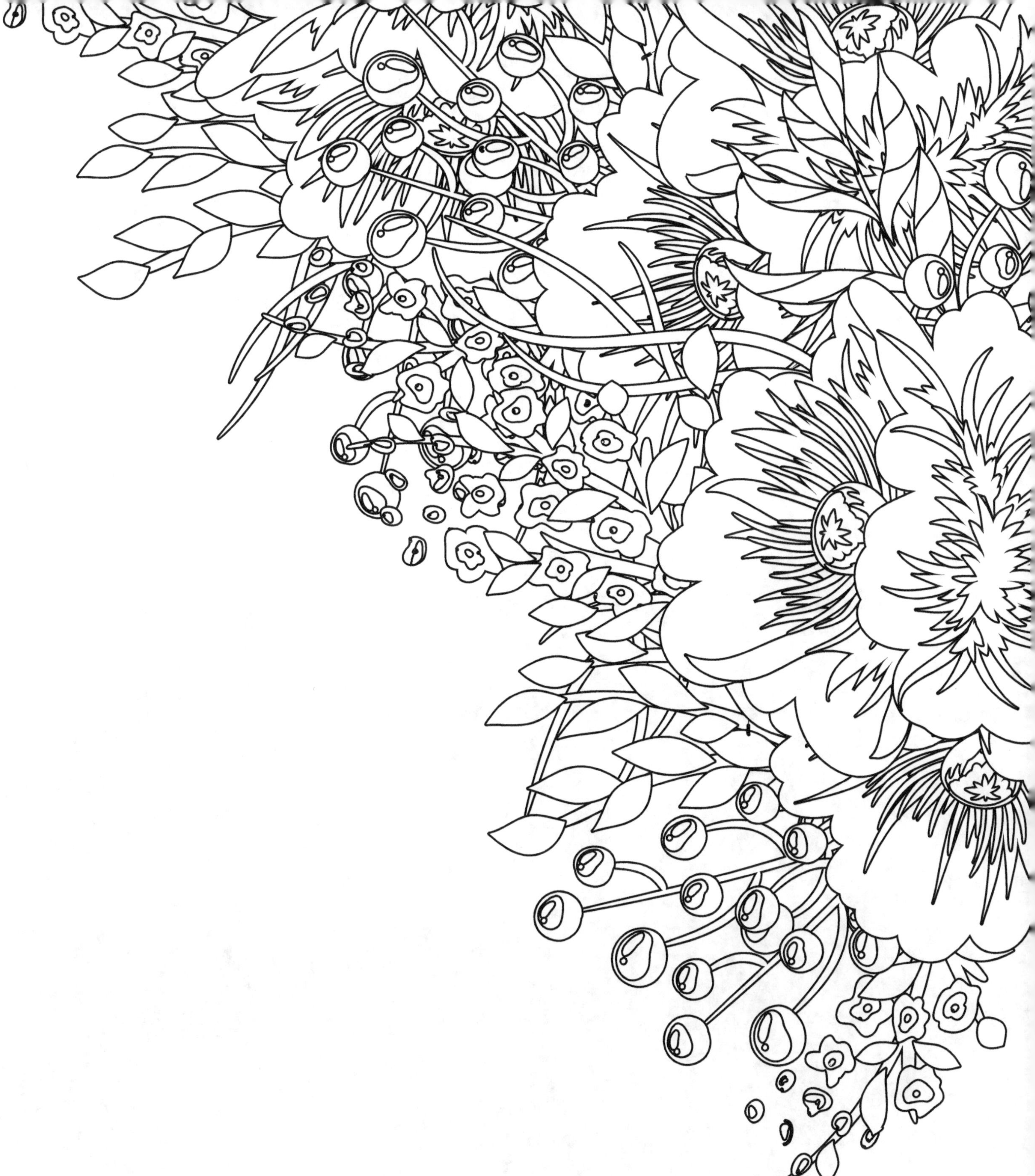

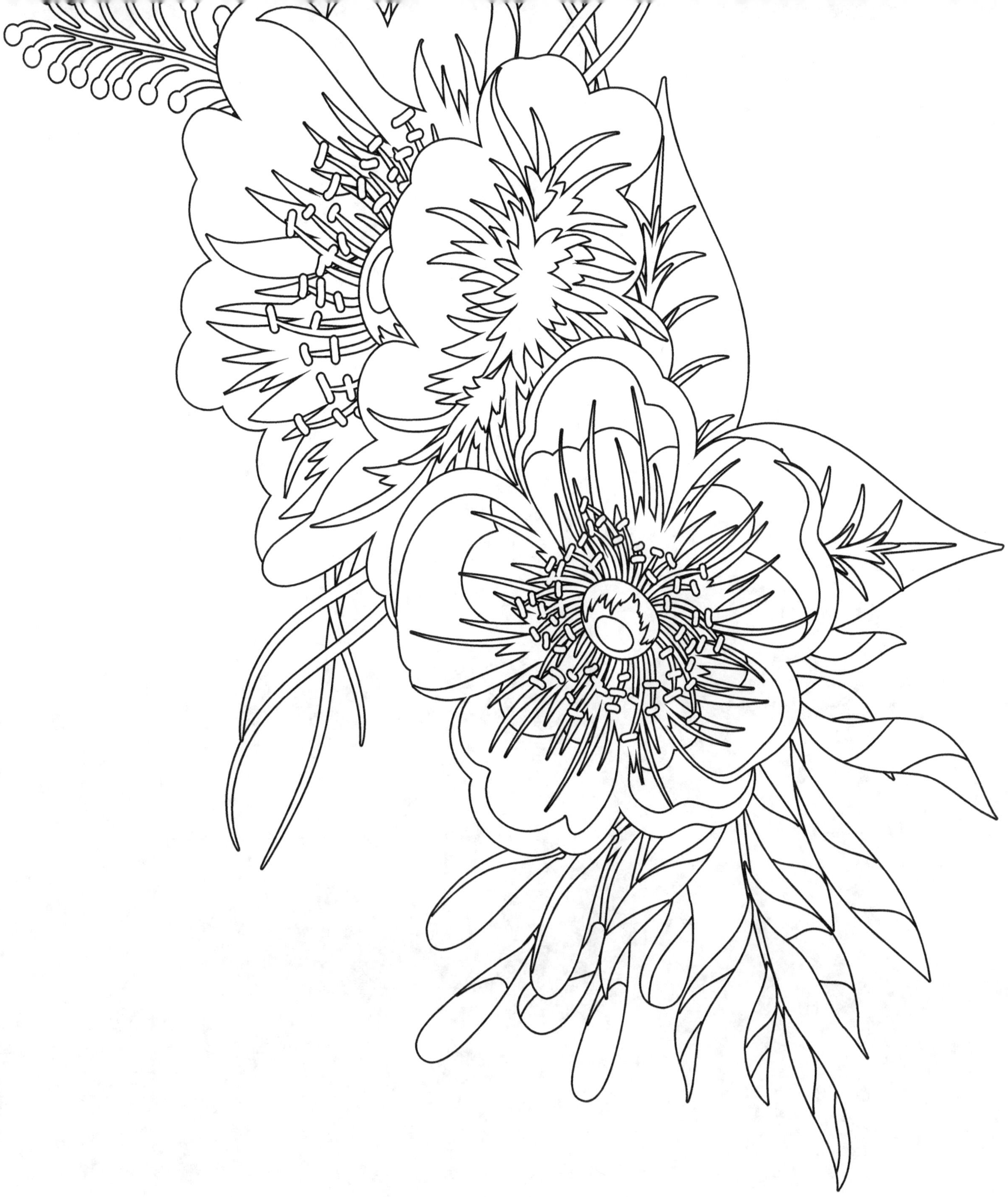

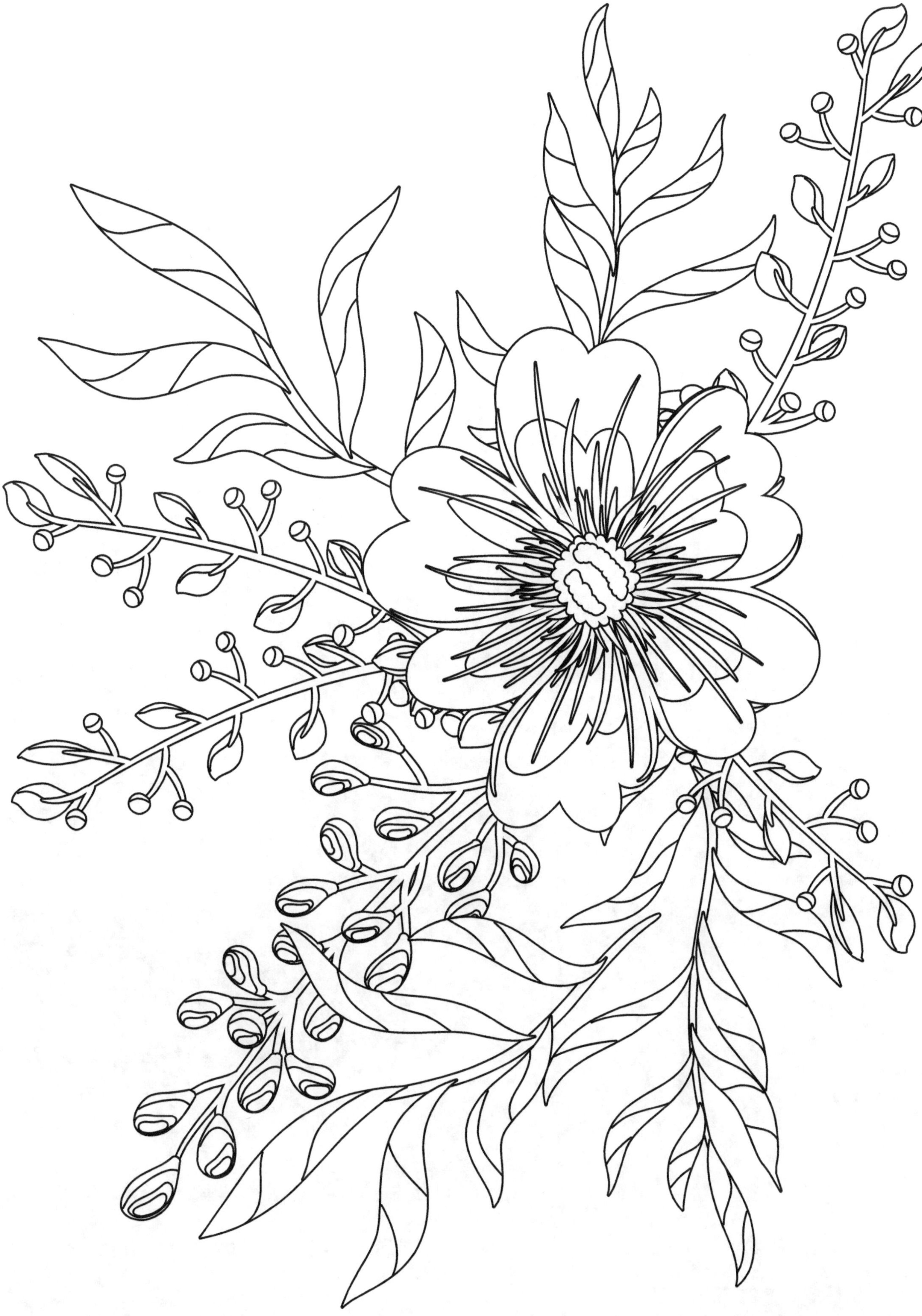

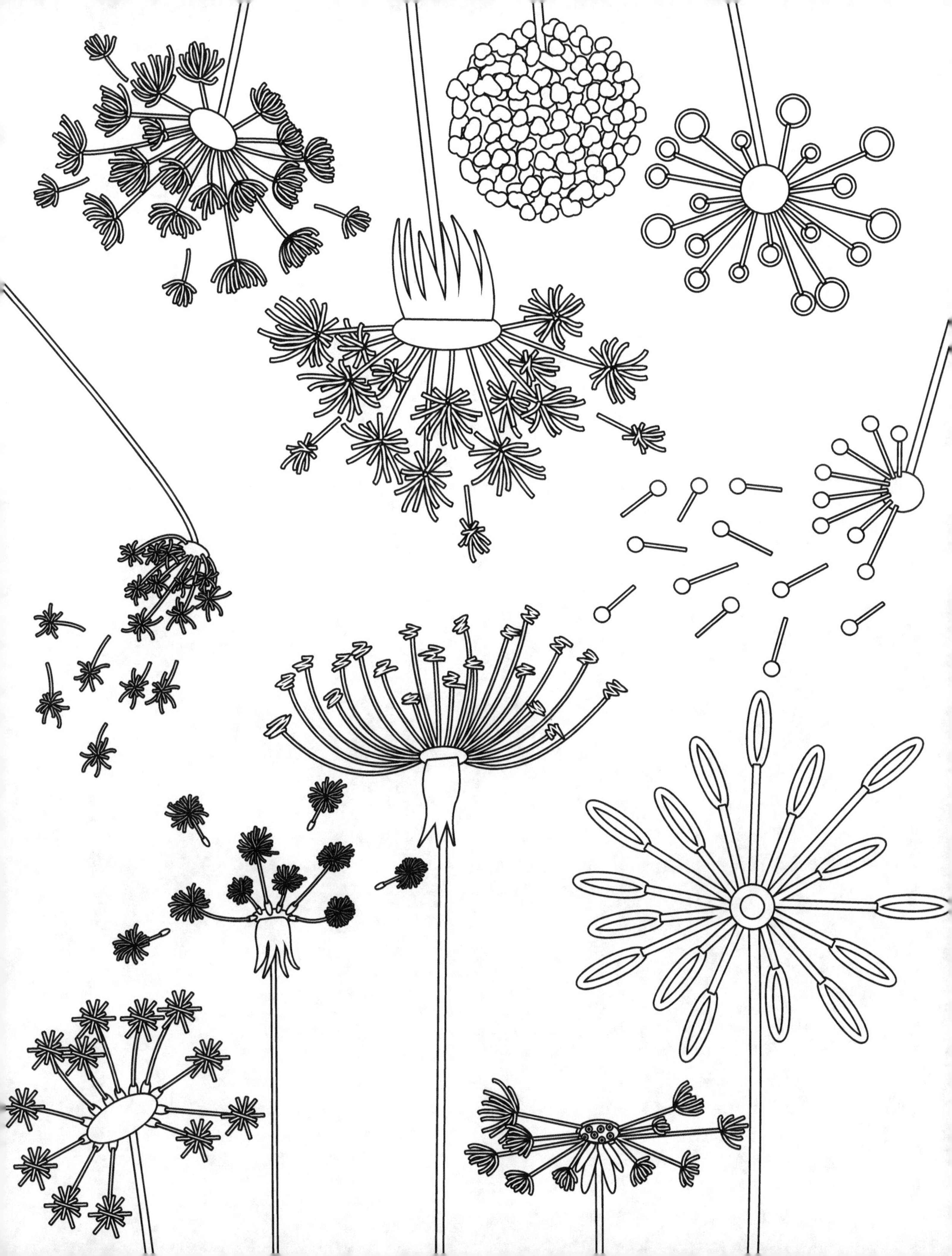

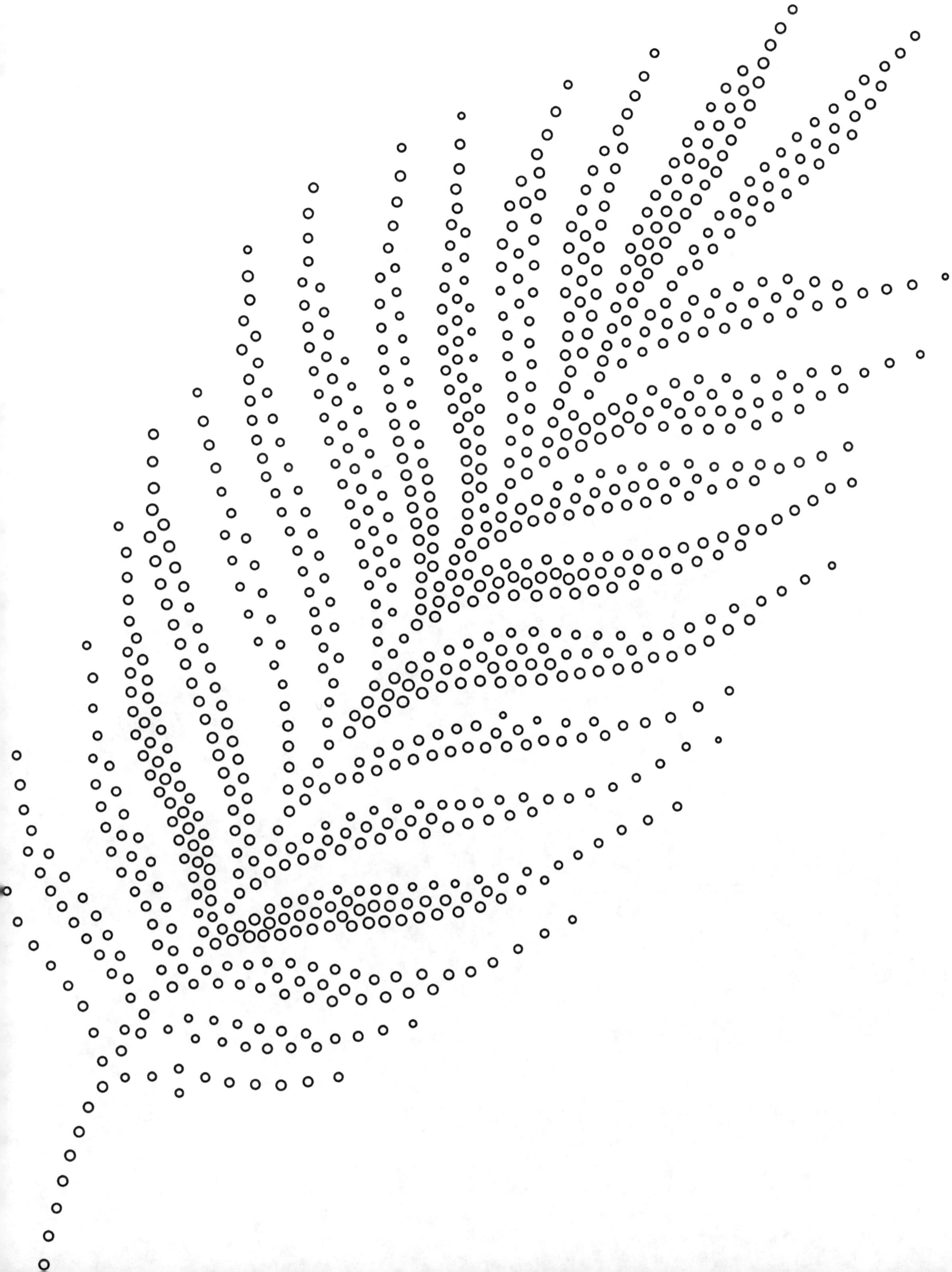

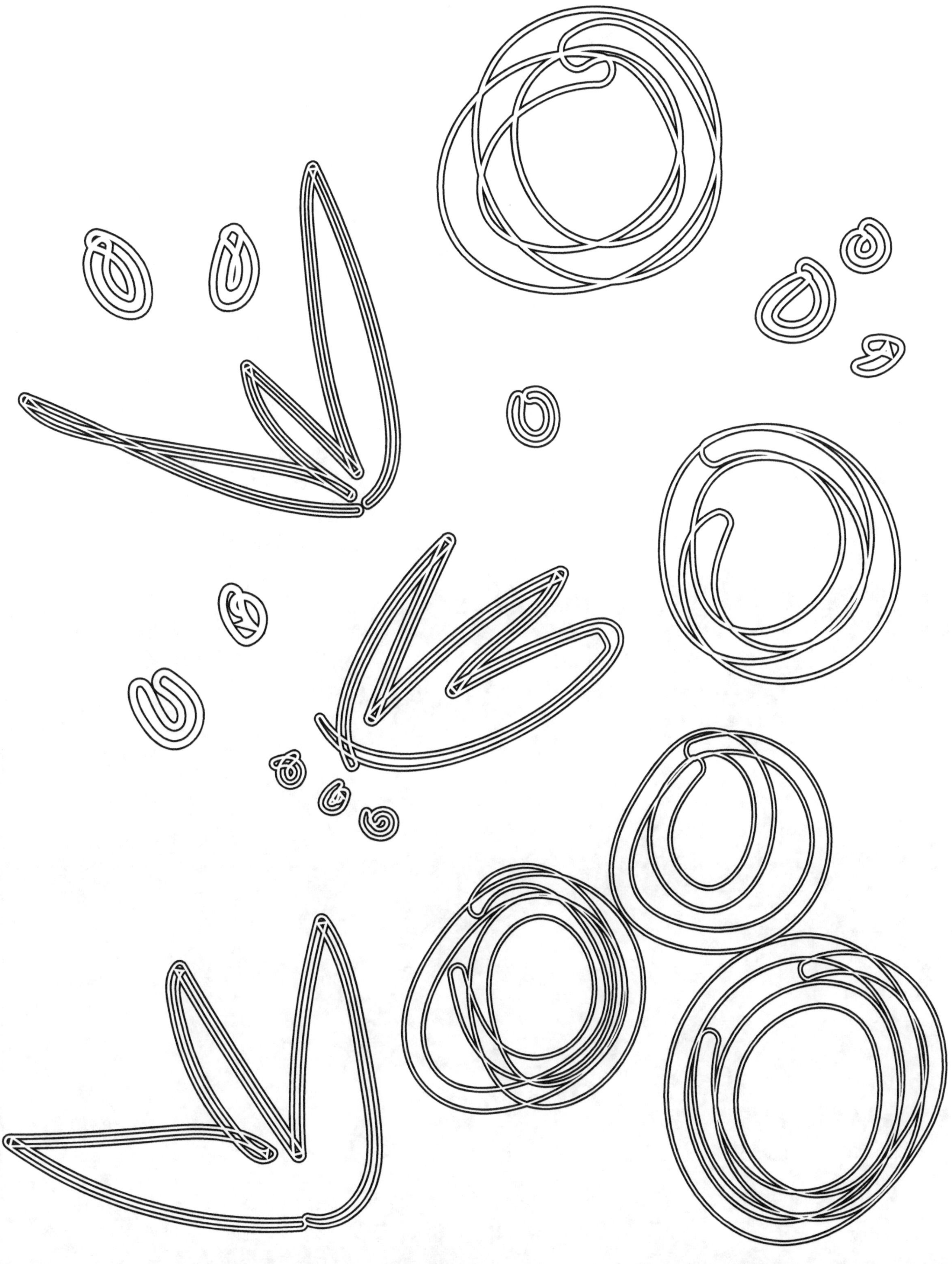

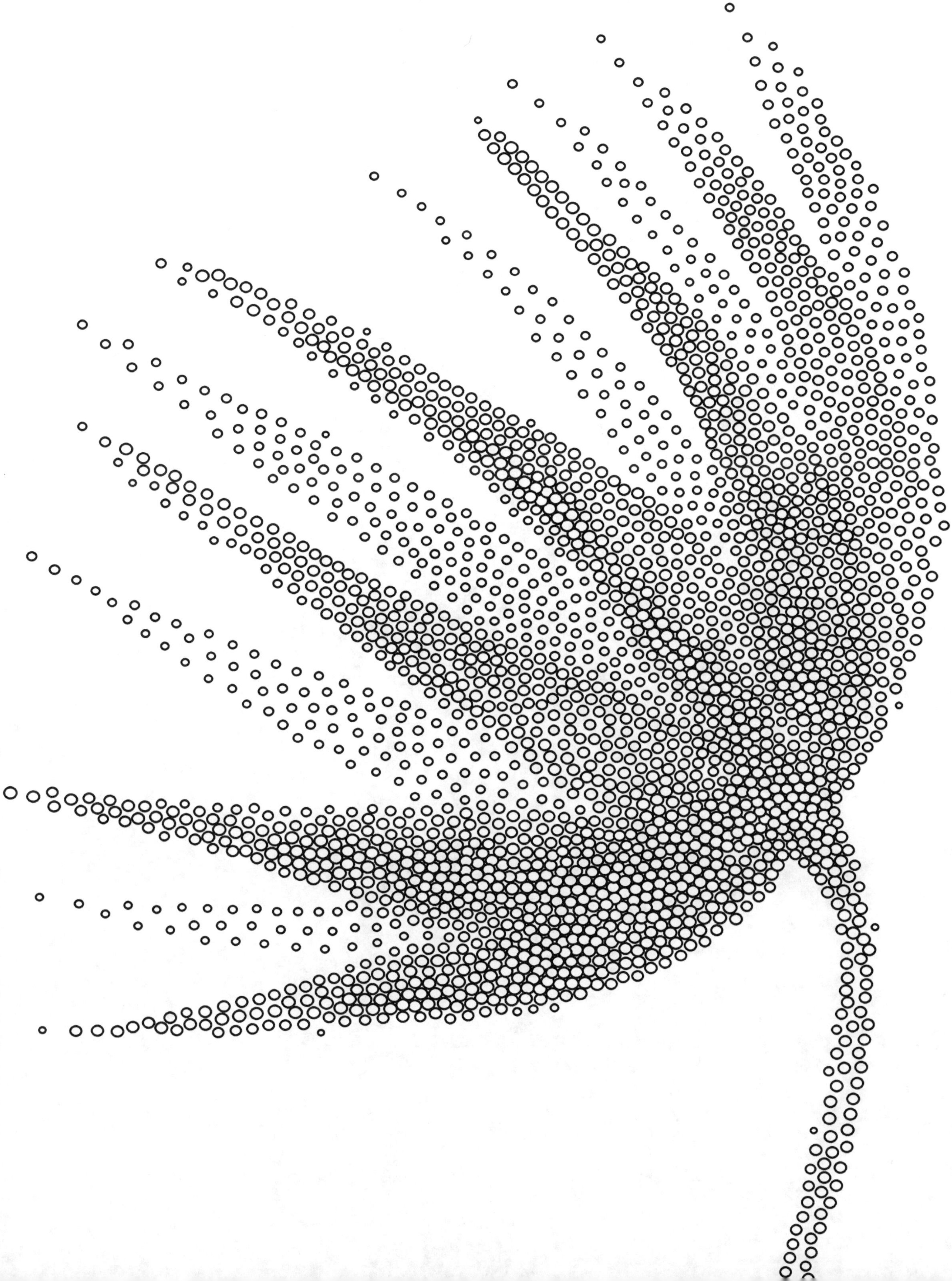

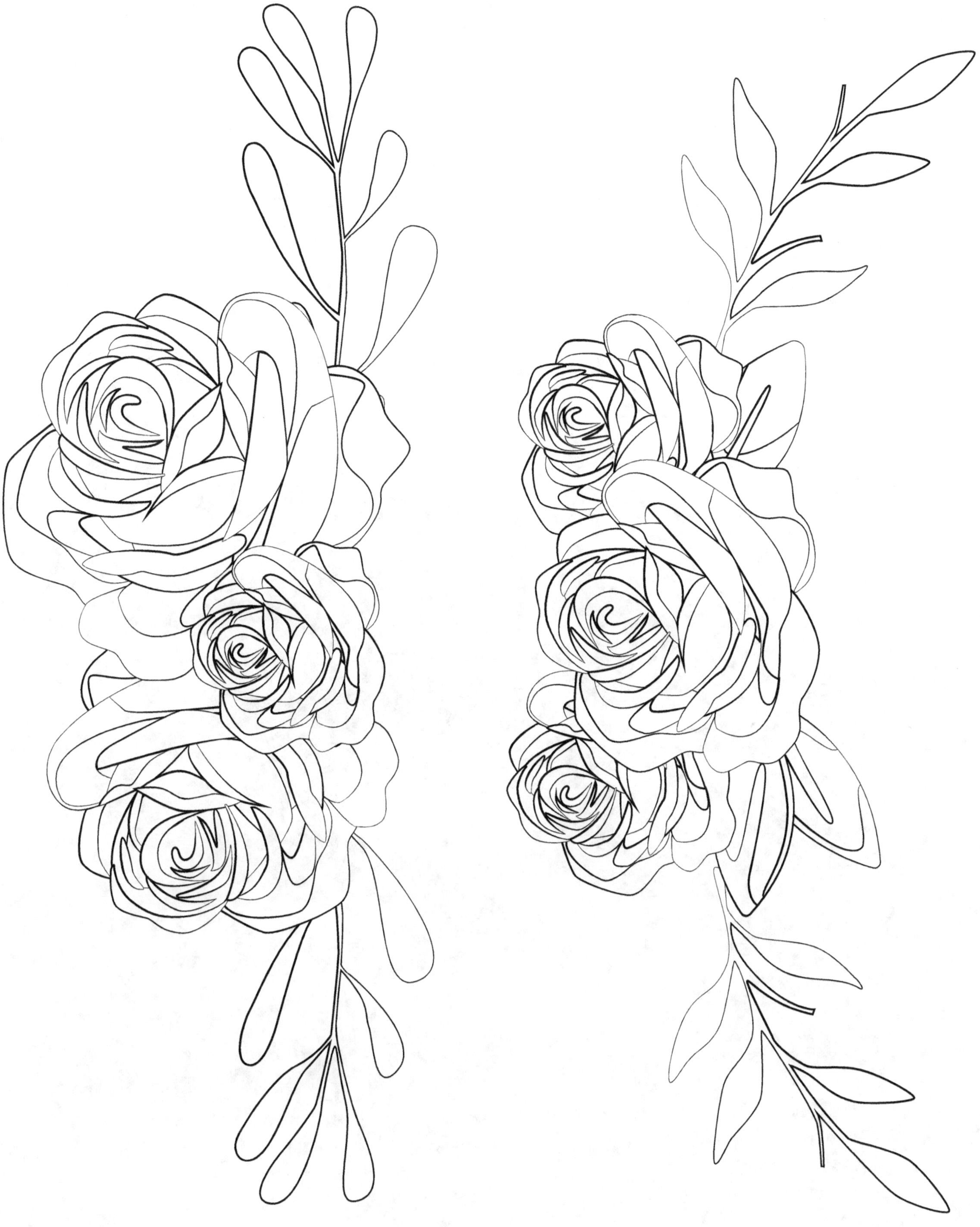

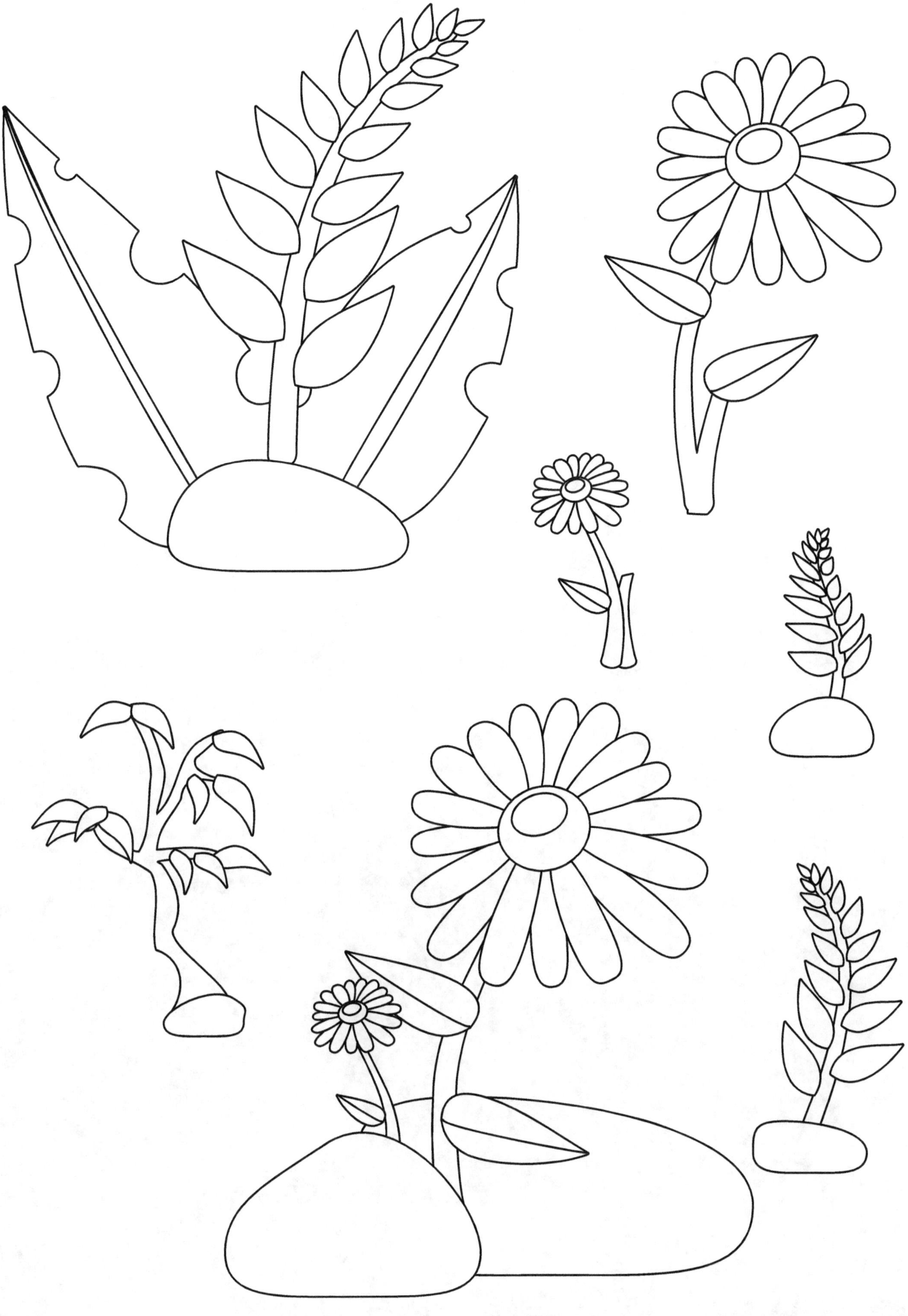

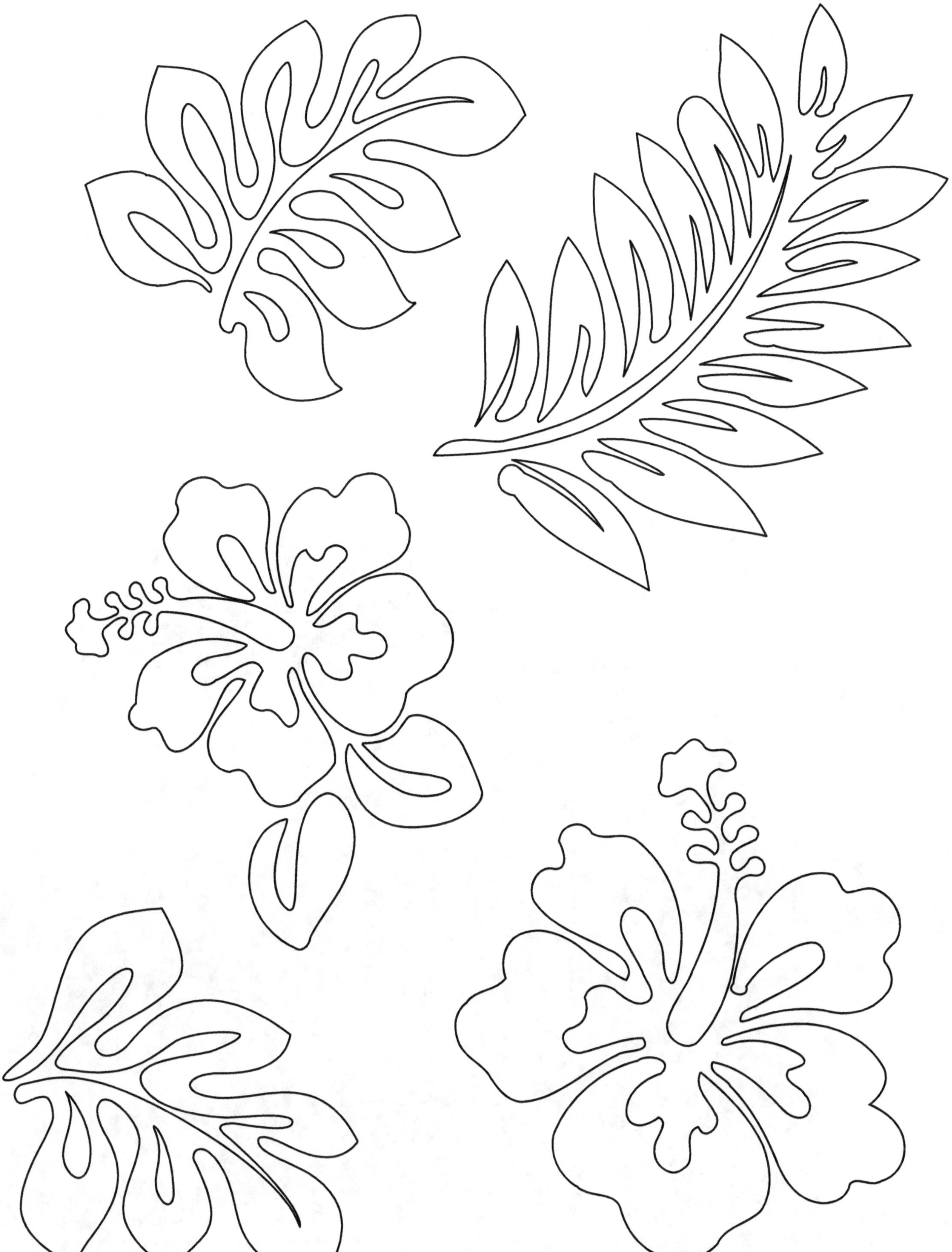

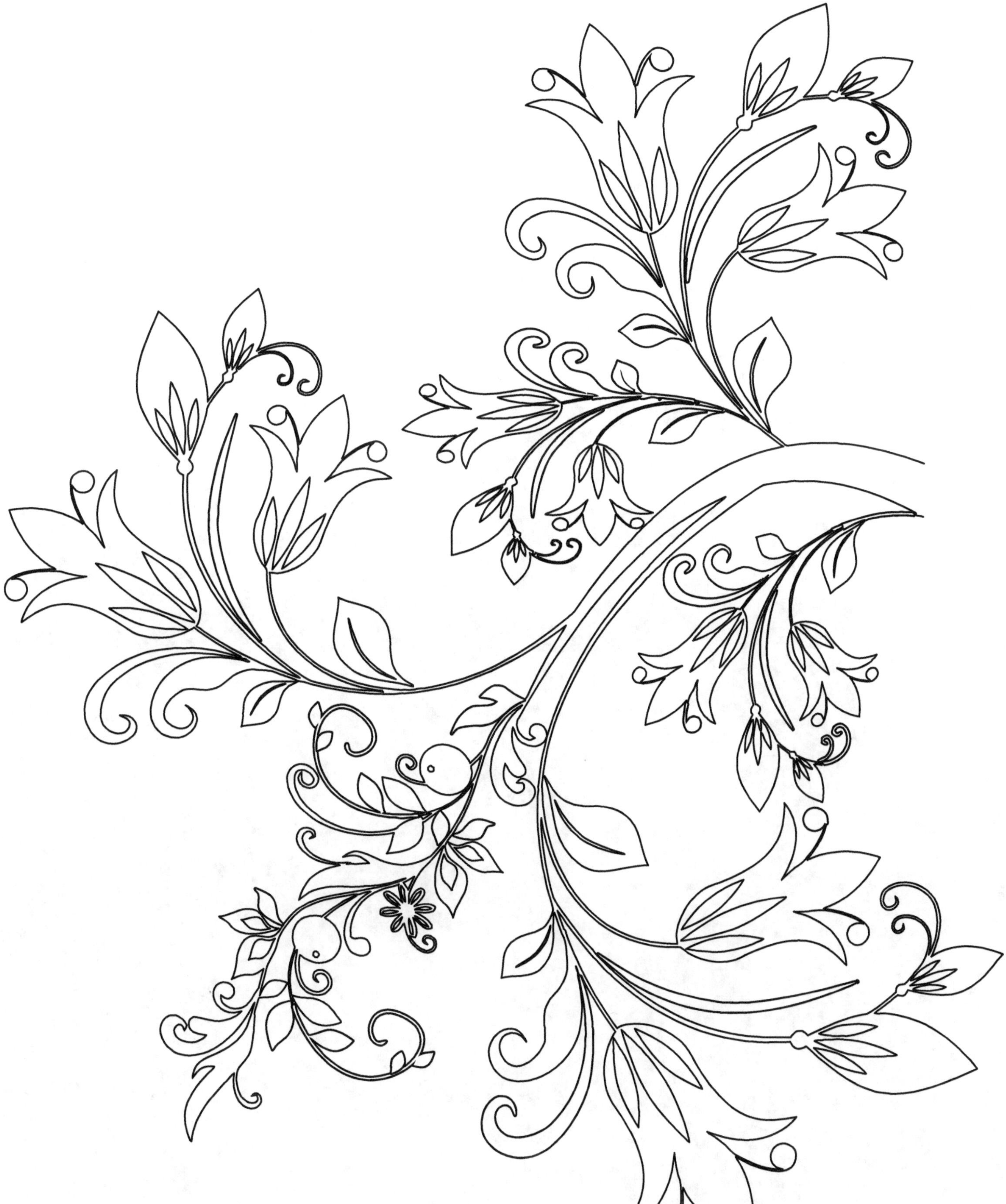

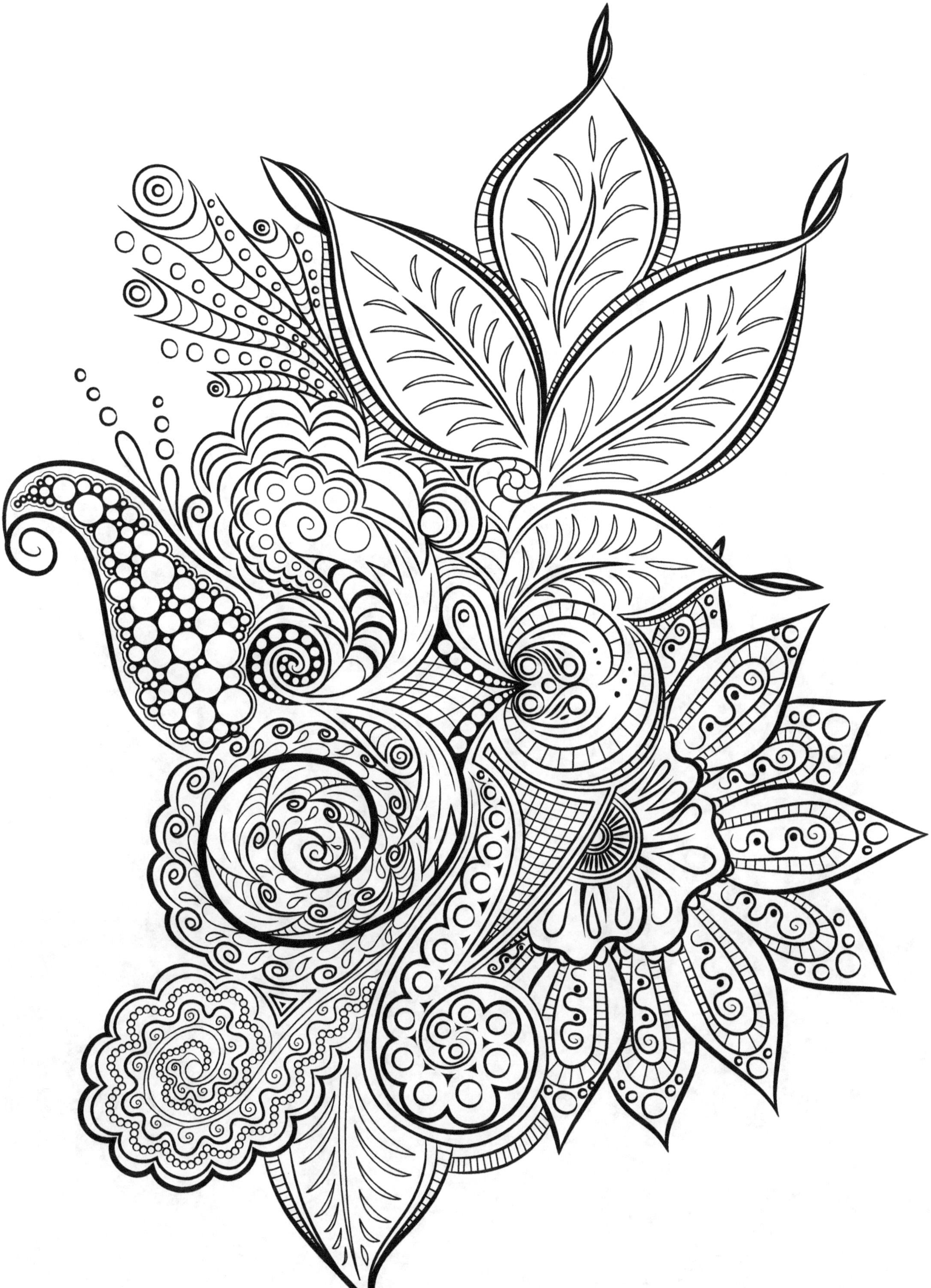

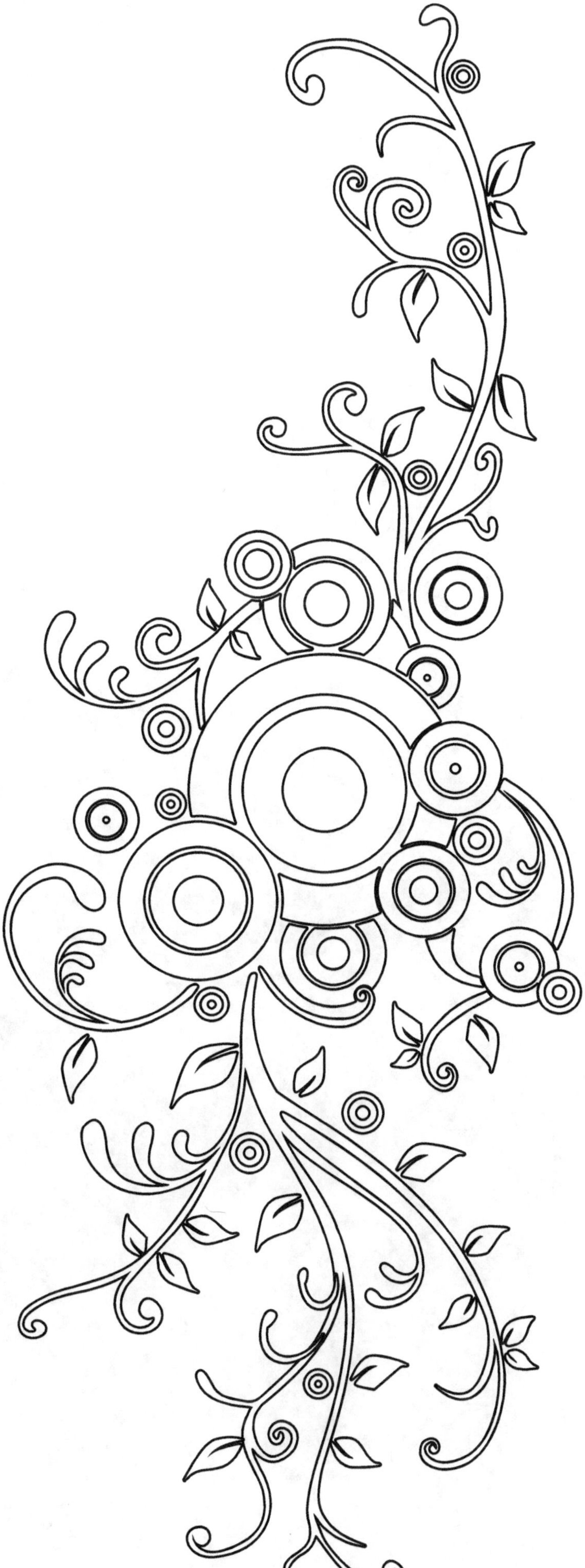

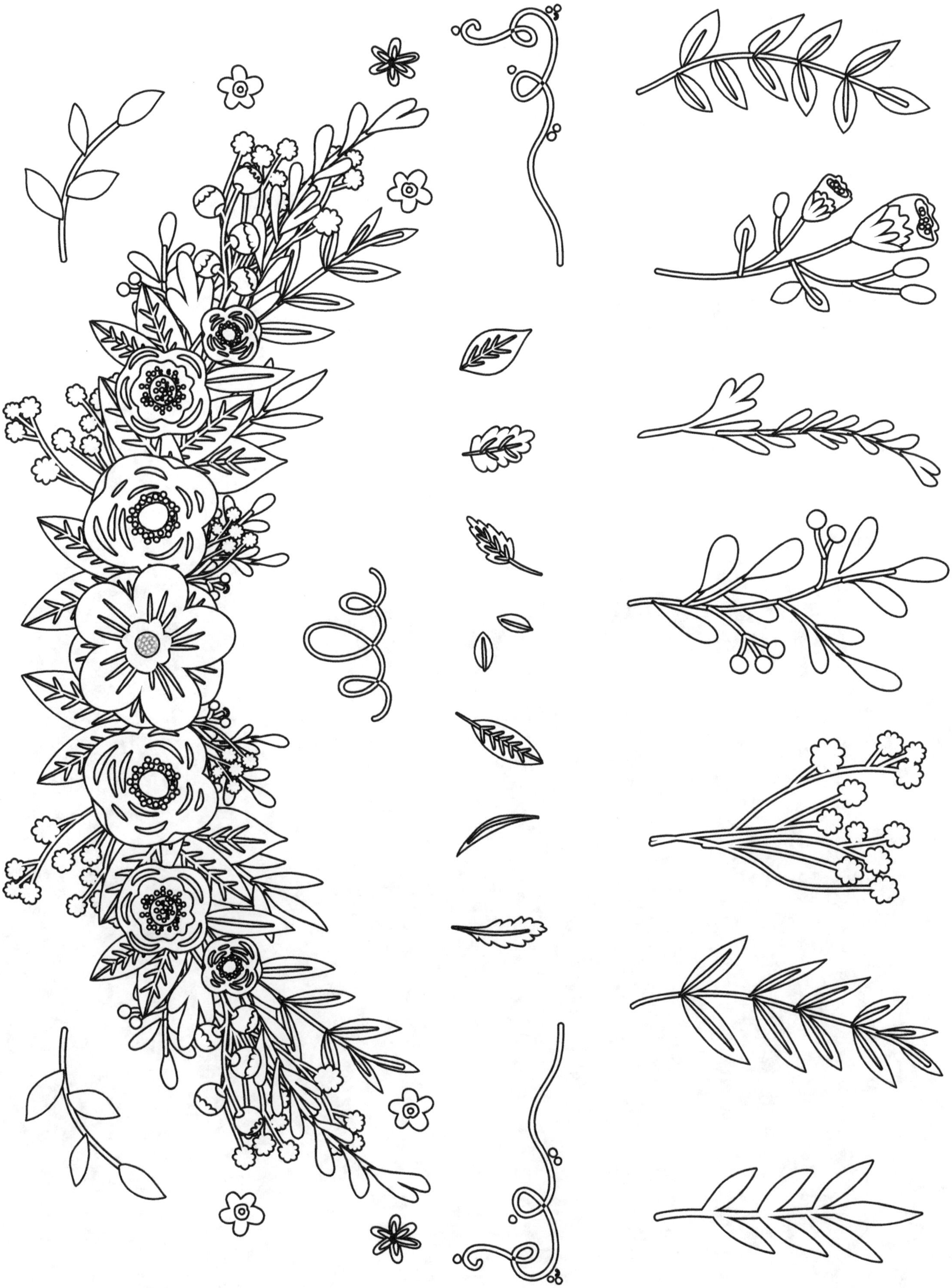

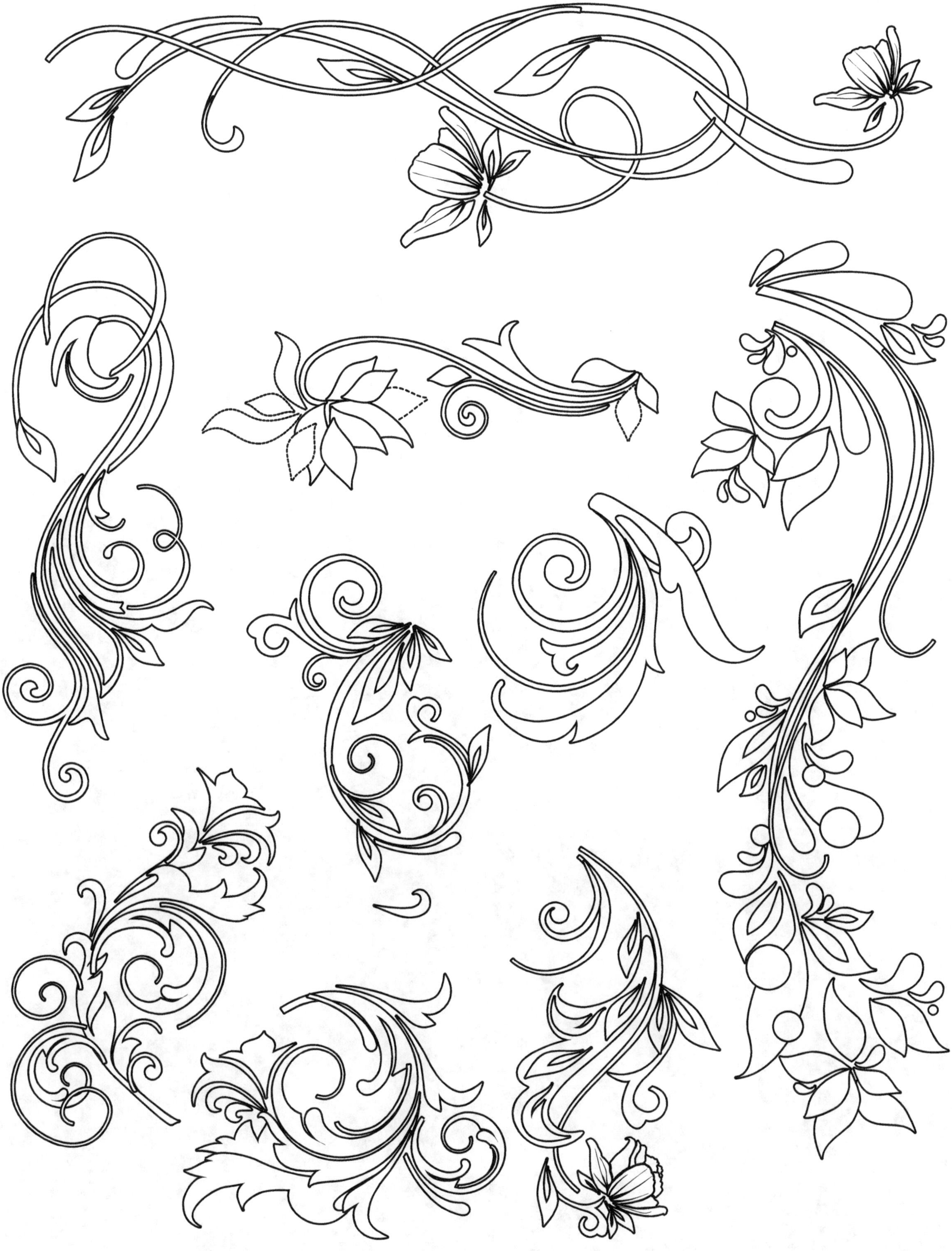

www.ingramcontent.com/pod-product-compliance
Lightning Source LLC
Chambersburg PA
CBHW081009170526
45158CB00010B/2973
* 9 7 8 1 0 7 5 1 4 5 8 2 7 *